U0740035

书山有路勤为径，优质资源伴你行

注册世纪波学院会员，享精品图书增值服务

壹公里丛书

乔锐
王二乐
华莉
张梦佳
等

著

拆·解

第 ② 版

电子工业出版社
Publishing House of Electronics Industry
北京·BEIJING

未经许可，不得以任何方式复制或抄袭本书之部分或全部内容。
版权所有，侵权必究。

图书在版编目（CIP）数据

拆·解 / 乔锐等著. —2 版. —北京：电子工业出版社，2022.1
ISBN 978-7-121-42307-9

Ⅰ.①拆… Ⅱ.①乔… Ⅲ.①工作方法 Ⅳ.① B026

中国版本图书馆 CIP 数据核字（2021）第 226195 号

责任编辑：杨洪军
印　　刷：北京七彩京通数码快印有限公司
装　　订：北京七彩京通数码快印有限公司
出版发行：电子工业出版社
　　　　　北京市海淀区万寿路 173 信箱　邮编 100036
开　　本：880×1230　1/32　印张：5.875　字数：113 千字
版　　次：2017 年 8 月第 1 版
　　　　　2022 年 1 月第 2 版
印　　次：2025 年 5 月第 4 次印刷
定　　价：58.00 元

凡所购买电子工业出版社图书有缺损问题，请向购买书店调换。若
书店售缺，请与本社发行部联系，联系及邮购电话：（010）88254888，
88258888。

质量投诉请发邮件至 zlts@phei.com.cn，盗版侵权举报请发邮件至
dbqq@phei.com.cn。

本书咨询联系方式：（010）88254199，sjb@phei.com.cn。

第2版前言
这不是结束，只是一个新的开始

　　不忘初心，方得始终。当创作《拆·解》第2版前言的时候，我们依然认为应该保留《拆·解》第1版的前言，因为它的字里行间承载了我们写本书的初心，这也是本书在读者朋友中广泛传播的起点。

　　本书从面世到今天，已经有近五年的时间了。时至今日，我们面对的场景更加复杂并更具有挑战性，更加难寻所谓的标准答案。这更需要我们具有洞察场景的能力和行动决策力，即先拆后解的能力。"拆"需要方法和工具，而"解"更加依赖经验积累。这再一次强化了本书中场景拆解模型和真实场景故事的价值所在。

　　多位作者共同创作一本书，本身就是一件很具有挑战性的事，这是我们在创作《拆·解》第1版时的切身感受。而让我们在今天再一次迎接挑战的动力来自广大读者朋友的积极认可与反馈。作为一本内容言简意赅、文字短小精悍的"小书"，出乎意料地能够持续跻身京东和当当的专业主题栏目畅销书排行榜。书评中总能看到"简单""实用""通俗"这样的关键词，当然也有一些善意的吐槽，这些都是我们持续精进的动力。有读者朋友因为读书来到课堂，有学友朋友因为学习成为读者。这些都让我们有理由相信我们的心与读者朋友产生了连接，我们传递的价值主张被读者朋友认可，我们呈现的方法、工具与经验被读者朋友接受和应用。

在第2版的《拆·解》中，首先，我们除了基于广大读者朋友的反馈在原有内容的基础上进行修订，还特别增加了关于在实践中"如何用"场景拆解模型的贴士。例如，如何选择做事的时机，如何实操优先级排序，以及如何降低经验依赖的分步或分段拆解等。补充这些内容的目的是帮助读者朋友更好地实践应用。其次，我们将原有的 14 个场景故事增加到 18 个，新增的场景故事与当下的多个热点相关，例如"高效团队协作""中年职场危机""虚拟工作"等，其目的是帮助读者朋友快速学习与时俱进的经验。

第2版前言 这不是结束，只是一个新的开始 ■

响应号召，新故事来自新作者。在第 1 版《拆·解》的封底，我们曾号召读者朋友分享自己的拆解故事，成为本书的共创者。在第 2 版《拆·解》中新增的拆解故事就来自我们的读者，同时也成为本书的第十位作者。

《拆·解》是一本共创书，其灵感源泉不仅来自作者团队，更来自广大读者朋友。

在此，我们由衷地感谢读者朋友，你们的每一个评价、每一个应用后的收获都成为点亮我们和他人的光。

特别感谢出版社的各位编辑，你们的服务之心和精益求精的精神保证了本书的重装面世。

最后，如果你追求工作高效、职场进阶、快乐生活，由衷希望本书对你开卷有益，收获良多。

第1版前言
解决复杂问题的法门一定不是复杂的

　　午后的阳光斜射入电子工业出版社三楼的咖啡厅，关于新书的立项讨论还在进行着。算起来，这已经是我们壹公里丛书的第三本了，但此时的交谈内容却和一次培训相关。

　　"王老师，能否到出版社，先给我们的年轻同事上一课？时间不用太长，一场足球比赛的时间，90分钟足够了，主题就是我们刚刚讨论的场景拆解。"平时一贯雷厉风行的出版社策划编辑欣然问道。"现在的工作充满不确定性，大家总是面对着各种问题，这些问题又都存在于某个个性场景中。如何进入场景角色解决问题，是我们好多人面对的挑战。特别是年轻人，怎样才能尽快进入职场角色，把事情做好而不只是做完。"策划编辑继续说道。

是呀，想想我们自己和身边的人，一个个的高频问题映入脑海。坚守一线城市的工作机会还是离开？跳槽还是创业？熬夜加班还是朝九晚五？工作汇报是让自己开心还是让别人满意？孩子是散养还是圈养？……

每天我们都在面对多种多样复杂的场景问题，职场的、生活的，抑或是两者之间无法分开的。更让人崩溃的是，曾经能在父母长辈、领导同事、知己好友那里得到的灵丹妙药，在今天也因为问题场景极具个性，而变得越来越像缓释胶囊了。

纠结、压力、焦虑……或者耗费了我们有限的时间，或者消耗了我们有限的正能量！

昨天的问题在今天是否更加棘手？今天的问题到了明天是否仍旧难以抉择？

问题总要面对，答案看似很多，我们该如何选择？

帮助读者朋友在困境中找到正确决策的密码是我们创作这部作品的初衷。解决复杂问题的法门一定不是复杂的。我们的思路是升维思考，不忘初心，降维打击，化繁为简。"乾以易知，坤以简能。易则易知，简则易从。易知则有亲，易从则有功。"《易经》中对"易"和"简"

的精辟论述早已告诉我们化繁为简是这个多变世界的不变法则。

在这样一个信息极其过剩的时代，找到关于化繁为简的书籍和培训课程对我们来说已经不是什么难事，但正当我们"工欲善其事，必先利其器"的时候，却发现很多方法本身就很复杂。

"道生一，一生二，二生三，三生万物。"我们就用"三"来解决问题吧。本书通过场景拆解模型中的3W和3F桥接了复杂的场景问题与易变、易知、易行之间的最后壹公里，帮助读者提升高效拆分、快速解码问题的能力。

在本书的立项讨论会后，我们接受了出版社的培训邀请，也借此契机将本书的配套课程先行发布。

阅读一本书，体会一门课。本书由上、下两篇组成，上篇通过"90分钟的场景拆解课"这个主题，展现了场景拆解模型的核心要素；下篇通过精心挑选的14个典型的场景故事，构建了"扶上马还需送一程"的学习场景，用以帮助读者实现在学习转化中的刻意练习。

在今天这样个性彰显、个体崛起的时代，问题已经超越了答案。平凡的人完全可以做出不平凡的事。本书九位作者共同的创作过程亦是对此的践行。

如何使用本书

在正式阅读或使用本书所介绍的场景拆解方法之前，我们特别建议读者先关注以下三点提示，这将有助于你从本书中得到更大的收获。

（1）本书所介绍的方法不在于其全面的系统性和严格的逻辑性，而在于其通用的实践性和简单的易用性。如果本书所阐述的方法离开了实际的职业、生活或混序等具体场景，那么其价值基本上无法得到有效体现。"个性场景＋结构方法"是本书所遵循的基本思路。

（2）建议你以"顾问老师"的角色来阅读本书。"当局者迷，旁观者清。"希望你能借助本书的场景拆解导航图，帮助你的亲人、朋友、同事或合作伙伴，结构化地解码他们所面临的烦恼或焦虑。当然，更建议你教会你最信赖的伙伴并让他们借助场景拆解导航图解惑你目前的困扰或困境。一旦这样的情境出现，你就会惊奇地发现这样一个事实：看似繁杂无解的困局，其实前进的道路简单清晰，即成功来自你能做什么，而不是你不能做什么。

（3）我们精心挑选了18个发生在你身边的真实场景故事，以加深你对本书中方法模型的理解和应用。事实上，每个场景都是唯一的、独特的、未知的，只要参照场景拆解导航图拆解自己的场景，就能找到解码的密钥。密钥在你手上，要不要用它解决你的困扰和焦虑，取决于你的决定。

场景拆解导航图

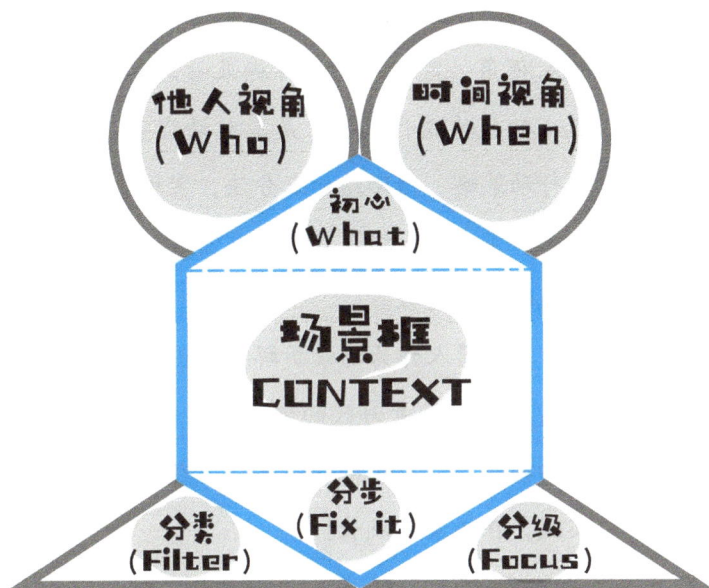

场景拆解导航图的中心是场景。

自然状态的场景本是无边界的混序状。选用自然界神奇的六边形（如常见的蜂巢、雪花、龟壳上的图案、长颈鹿身上的花纹等）作为描述场景的框架图形，体现了场景因时而变、因人而异的自然特征。

而作为场景中最活跃的要素——人，需要借助框架界定场景边界，一拆为二，通过升维思考明晰自己的初心；因地制宜，通过降维聚焦确定自己后续分步行动的指南。

初心的明晰是一个渐进过程，需要通过穿越时间视角，换位他人视角，定义可衡量目标来动态解码。步步为营，以最小的代价迭代试错，是应对动态多变混序场景最可行的行动策略。借助结构三分法，实现化繁为简，分类筛选；由多变少，分级聚焦；刻意实践，分步精进，实现步步为赢的解码过程。

我们选用了机器人作为场景拆解导航图的轮廓外形，体现了人工智能混序场景时代的到来。问题没变，但答案在变，一切都基于动态和个性的场景！在场景中学习，在场景中实践，在场景中成长！

目录

上篇

90分钟的场景拆解课

寻找困境中正确决策的 6 位密码

1952 年，阿尔伯特·爱因斯坦在普林斯顿大学执教。有一天，在回办公室的路上，助教拿着一摞刚给物理专业高年级学生做过的试卷。

助教有些犹豫，问爱因斯坦："博士，我有个问题想咨询您，今年的试卷不就是去年已经考过他们的吗？"

"没错，是一样的试卷。"爱因斯坦回答道。助教更加迟疑了，又问："您怎么能够给同一批学生两年考同一张试卷哪？"爱因斯坦的回答很简单："因为答案已经变了。"

当时，在物理界，新发明、新理论和新实践在全世界不断涌现。因为该领域里不断出现的新观点和新突破使得前一年正确的东西，在接下来的一年里就可能不再正确了。

这与我们当下所处的场景多么相似。在职业和生活的许多领域，**我们的答案也已变化。**

例如，产品的生命周期越来越短，许多产品上架的时候实际上就已经过期了。

两年前珍视的观点，甚至一个月前的观点，今天也可能不再具有特别意义。现在大部分人无法保证自己的工作可以保持五年以上。这也是具有多重职业和身份的多元生活的"斜杠青年"越来越多的原因之一。

同时，工作和生活、家庭内外的部人际关系、身体和心理、物质和精神等都已相互交融、密不可分。因时而变，因人而异，复杂快变的混序场景时代已经到来。如何在特定的场景中运用正确的方法，找到自己的解码密钥已显得既紧迫又具有挑战性。让我们带着这一问题开始这堂场景拆解课。

混序场景时代，人们往往会有不同程度的困境感，表现为不同程度的困扰、困惑、烦恼和焦虑。这已成为不同年龄段人群，特别是年轻人的常态特征。混序场景时代，人的决策难度陡增。表现为决策的速度快，决策的错误率高。

如何在未知的场景中提升快速决策的质量，进而增加在未来取得成功的可能性，就成为我们的第一个问题。

"如果你不知道足球怎么踢，那么我告诉你，很简单，就是把球往对方球门里踢！"这句前中国国家足球队主教练施拉普纳近乎废话的名言，却恰好回答了我们面对未知的、快速变化的混序场景的基本策略：**升维思考，**

不忘初心；降维打击，化繁为简。策略的落地离不开困境场景中的决策。如果不能应用正确的方法和工具，决策结果往往是灾难性的。让我们通过上下半场两节完整的课程来寻找困境中正确决策的 6 位神奇密码。

上半场
此情此景，就地求证，问题背后的问题

> 你是想要正确的决策，还是只想自己开心？
>
> ——杰里·扬波尔斯基

大家都知道《华严经》中"不忘初心，方得始终"这句话。但是，很多人混淆了与其紧密相关的意图和结果。

很多人对于长期结果的重要性很困惑。他们往往认为意图而不是结果才是最重要的，这常常是那些困惑者焦虑的最主要的一个原因。他们会理所当然地认为："如果我认为自己的意图、观点和行动能够带来好的结果，但事实却没有，这也不是我的错。"

面对复杂多变的混序场景，这种"我尽力了"的思

维逻辑相当普遍。因为未知，多数人更相信自己的直觉判断。也因为未知，他们更偏好当下即时的满足，胜过对未来回报的投入。

看看这两幅平行线比较图（见图 1.1）：两条不同长度的平行线，两端有朝向不同的箭头（圆圈），并且下（右）边的线明显比上（左）边的线长。眼见为实，这是我们看到的所有内容。现在，你只需要找把尺子量一下，就会发现其实这两条线是等长的。

图 1.1　平行线比较

直觉常常也是错觉。如果面对的是简单的或后果并不严重的场景，如网购，依赖经验的直觉判断即使错了，也可以变成我们吸取的经验教训。但面对复杂的场景，如客户竞标讲解、向新老板的第一次汇报、求职面试、结婚生子等，直觉判断的错误造成的后果往往比较严重。

直觉思维也称零秒思维，即依靠直觉第一时间对场景的真实感受，这往往也瞬间告诉了你原始的初心。为了避免错觉导致严重的后果，我们需要启动结构化思维，通过升维思考，辨识体现你初心的预期结果，然后通过时间视角、他人视角，基于事实并加以求证，最终定义出在此场景中能描绘你预期结果的具体可衡量的目标。

1. 对话未来：从时间视角确认目标

> 别急，让子弹飞一会儿！
>
> ——《让子弹飞》（姜文执导的电影）

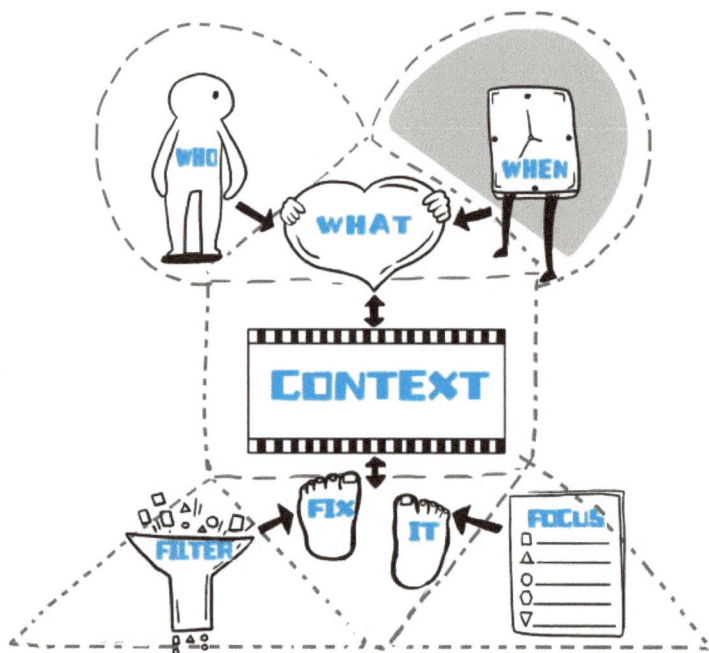

我们先基于未来的场景，回答一个问题：我今天面临的问题，到了明天依然还是问题吗？大多数让人困扰和焦虑的问题也许根本就不存在了！例如，一次突降的感冒发烧，一场马上到来的考试，一个正在实施的项目。

如果你无法回答这个问题，那我们一起构建一下未来的场景。你可以按照场景的复杂程度以及对你的影响程度来定义时间边界，类似于定义衡量一个项目成功的时间点。例如，一周、一个月、一个季度、一年或三年后。现在你可以尝试回答以下两个问题，尽可能具体化，并把你的答案写下来。

（1）在特定的时间点最好的结果是什么？

（2）在特定的时间点最差的结果是什么？

对于未来的场景，有了时间边界，有了最好和最差两个极端场景范围。接下来，你就可以用如下制式来确定预期结果：

作为一个 ×××（角色），我想做 ×××（意图），以便我能够在何时得到 ×××（预期结果）。

例如：

（1）作为一个准 MBA 学生（角色），我想广泛扩大人脉网络（意图），以便我能够在两年之内找到合适的创业伙伴（预期结果）。

（2）作为一名新任经理（角色），我想打造一支高度协同合作的团队（意图），以便我能够完成下一年度更具挑战性的预算数字（预期结果）。

初心的困扰在于人们看重意图而不是预期结果，注重自己的感受而不是实际事实，陷入过去而不是关注当下。

接下来，我们回归当下，用未来倒逼现在，由远及近，再一次把初心变成具体的预期结果。

西方人常常用给自己写墓志铭的方式来倒逼当下。我们现在假设一个场景，如果你的人生还有半年的自由时间，身体状况也非常好，那么请你认真地回答这三个问题：

（1）希望和谁在一起？

（2）想要完成什么样的事情？

（3）想要留下什么样的评语？

这些问题能够帮助你更加清晰地透视自己的初心，什么才是对自己最重要的结果而不是所谓的意图。这个场景看似虚构，但在职场中、生活中到处都是，只不过在不同的场景我们容易事后诸葛亮罢了。

> **贴士：从时间到时机（Timing）——揭示"什么时候做事"的奥秘**

时间视角帮助我们以终为始地确认目标，将意图变为可观察、可衡量、可比较的预期结果。而对于时间的更深层次的研究是时机，即什么时候做事最合适。

我们可以从两方面理解时机。一方面，时机是我们基于对自己生理节律的认知，将我们的时间与我们面对的任务进行匹配，高效地完成任务。也就是选择自己最合适的时间，做最合适的事情。例如，如果你是一个"夜猫子"，就不要将最重要的事情放到上午去处理，因为那时可能是你身体能量最低的时候。再如，每周一上午9:00—10:00，每天下午1:00—2:00的时候，是很多人精力萎靡的时刻，此时选择做事，还不如稍做休息。

另一方面，我们可以创造时机。当我们为时间赋予了特定意义时，时机就显现了。例如，下面的这些时机。

起点效应：好的开始是成功的一半。起点在整个事情发展的过程中具有非常重要的作用，会一直影响到终点。因此，当我们打算开始做一件事的时候需要思考当下是不是开始的时机。例如，一年中总有那么一些日子是适合我们开始改变自己的。一年的开始、一个季度的开始、一个月的开始、一周的开始、四季的开始、生日、纪念日、重要节日、读完本书的那一天等。选择一个有意义的日子作为起点，就为这个起点做了能量加持，就好像婚礼的日期一定是黄道吉日，而且当天会充满人们的美好祝福。

新起点效应：日历上的某些日期比其他日期更重要，人们用它们来划定时间界限，结束一个周期，进入另一个周期，翻开全新一页。如果我们利用起点效应的效果没有那么理想，就需要利用新起点效应，再次激活起点效应。

中途效应：在一个过程中，当时间接近一半时，人们由于心理因素及环境因素的交互作用而导致的对于目标行为的一种负面影响。我们的生活很少会遵循线性进行演进。当我们行至中途时，会感到泄气，因为此时往往是一个是低潮期。中途既是生活的现实，也是自然的力量，但并不意味着我们对此无能为力，中途也可以引燃我们。将低潮转为火花，我们可以尝试下面的做法：

（1）意识到中途低潮期的存在，承认并接纳之。

（2）利用中途提醒自己，而不是放弃。要发出一声"呃——哦"，因为时间已经过半了，要让自己紧张起来。

（3）站在中间点上，面向未来，聚焦目标，做出断舍离。这会激发你的动力，可能会帮助你成为最后的赢家。

峰终效应：在对一项事物的体验之后，人们所能记住的只是高峰与终点时的体验，而过程中好与不好体验的比重或时间长短，对记忆几乎没有影响。结局决定体验，就像电影的高潮一定在最后一样。结果好，一切的曲折都是故事，结果不好，一切的曲折都是事故。无论是对我们自己还是团队，遵循和打造峰终效应是一种人生的升华。

正如丹尼尔·平克在其畅销书《时机管理》一书中所述："曾经我相信时机就是一切，现在我相信一切都是时机。"时机既隐匿在自然规律中，也把握在我们每个人的手中。关键在于，我们是否有意愿发掘、利用和创造时机。

2. 面对面：从他人视角确认目标

> 一个发自内心对别人感兴趣的人在两个
> 月内结交的朋友，比一个只希望让别人对他
> 感兴趣的人在两年内结交的朋友还要多。
>
> ——戴尔·卡耐基

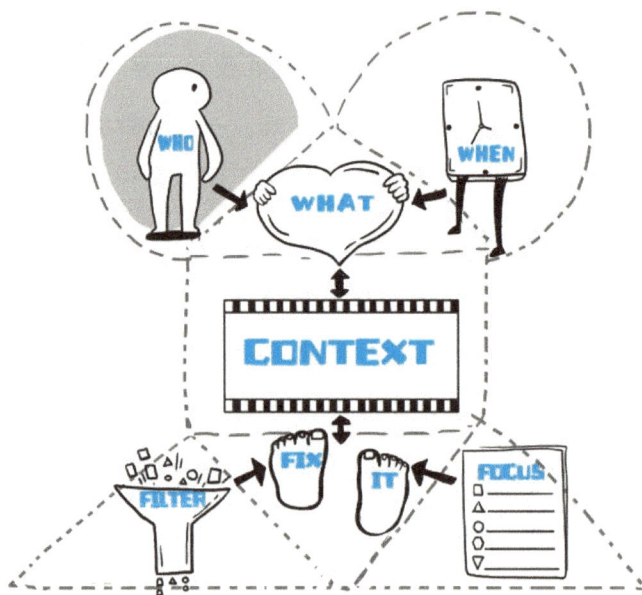

事实上，你选择共事的人、你的老板、你所交际的人、你结婚的对象、与你一起投资或创业的人将决定你一生大部分的成功和快乐。

图 1.2 表示了从不同视角（从左至右或从右至左）看到完全不一样的喝完可乐后的状态。

图 1.2　不同视角的状态

一位职场导师曾经这么教导他的新员工：不用担忧你自己的事情，多担忧你上司担忧的事情，你在职场中的升职会很快；多担忧你客户担忧的事情，你的生意肯定不会太差。

同样，如果我们多担忧家人担忧的事情，是不是家庭也就会更加和谐？

　　陈春花教授是国内著名的实战派导师。她的个人出版物不仅覆盖面广，而且十分畅销。当有人在她的新书发布主题沙龙现场问她如何能做到这一点时，她的回答非常简单："要和大量的读者去聊，确认他们能理解你想表达的内容。"

　　因此，我的建议是，你至少要找到这样两个人：一个段位比你高，有正能量且乐意帮助你的人，最好是事业有成的过来人。让他从旁观者的视角帮助你分析验证你做事的初心目标，点透你。同时，再找一个对你十分重要，而且你对他也十分重要的伙伴，也许就是你的配偶、你的上司、你的项目成员。简单直接地问一下他的看法、他的期望或他的要求。正所谓知彼知己，你会发现别人看重的事情往往和自己如此不同，要充分理解这一点。

　　这些信息应该对你定义并衡量预期结果的具体目标十分重要，或许这些人就是评价目标的重要相关方。你开始发现他们的期望或建议是那么具体和务实，因而你需要更加聚焦的是预期结果，而不是自己的意图。

3. 此刻，聆听心声：把初心描绘出来

用一半时间不断发散思维，再用剩下的一半时间不断聚焦。

——丹·罗姆

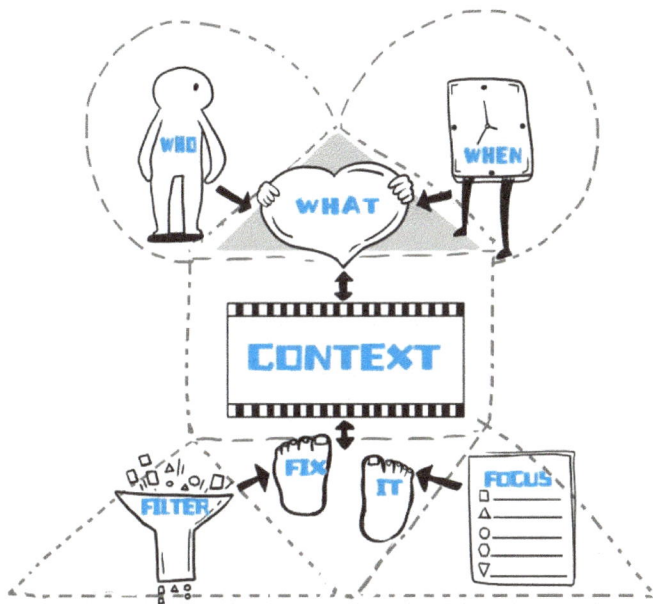

在这个充满不确定性的快节奏混序场景时代，人们忙碌好动，有着永不满足的需求，每分钟都充满了某种刺激，人们总是满足着即时需求。但是，这对你最终明确个人最重要的目标来说并没有什么益处。

你需要放松下来，在安静中聆听心声，这样你的初心目标就会渐渐清晰。

现在是你独处的时间了。切断所有的电子设备和其他一切可能打扰你情绪的物品，没有音乐，也没有其他分神的事情。心如止水，聆听自己的心声。有这样一句话：“在安静中，当一个人能够把时间和自己分离开来的时候，他就开始变得伟大了。”

独处非常简单，你只需一个安静的环境即可，如车里、下班后的办公室、公园、湖边、山顶。独处最难的在于自律，你需要慢下来，最少半小时以上守独。许多人都承认，困扰他们几周、几个月的问题和焦虑几乎都在守独时有了答案。如果有了答案，那么这个答案应该在方方面面都是完整的，也许并不理想，也不完美。预期可衡量的目标是清晰的，解决问题的方法是简单的，也完全在你处理事情的能力范围之内。

当从守独的状态中站起来的时候，你就获得了内心的安宁，理解了自己究竟要什么，你的能量能在哪里释放，当下优先去做什么，能改变什么，不能改变什么。初心目标会变得十分具体，而且最重要的是，阶段性结果完全可以衡量。

中场一刻

思考，快与慢

快思考是直觉和本能，即零秒思维，适合大多数明显的、有规律的简单场景决策。但面对快速多变的复杂混序场景，如投资、创业等，由于直觉容易变成偏见错觉，而且后果严重，所以需要用慢思考结构化思维去验证和确认你的判断，即基于事实的循证决策。而最简单的方法就是通过有效提问找到困境中正确决策的第一组密码——升维思考3W，即When、Who、What。这种方法也被称为用提问解决问题。

> 💬 **贴士：用提问解决问题（Q2Q）**
>
> 面对越来越没有标准答案的混序场景，需要聚焦学习而非评判，通过提问探寻答案或对已经被证明是解决问题的有效方法达成共识。好的问题能赋予人们力量，而非令人泄气。希望下面这个问题清单能帮助你打开心灵，改变评判思维：
>
> （1）我想要什么？
>
> （2）我有哪些选择？
>
> （3）我做了哪些假设？

（4）我的假设成立吗？

（5）这件事我还可以从什么角度来看？

（6）对方在想什么，感受如何，想要什么？

（7）我怎么才能把这件事变成双赢的局面？

（8）最好的结果是什么？

（9）最差的结果是什么？

（10）当前最有意义的行动步骤是什么？

　　下半场，你将继续寻找困境中正确决策的第二组密码——降维打击 3F。

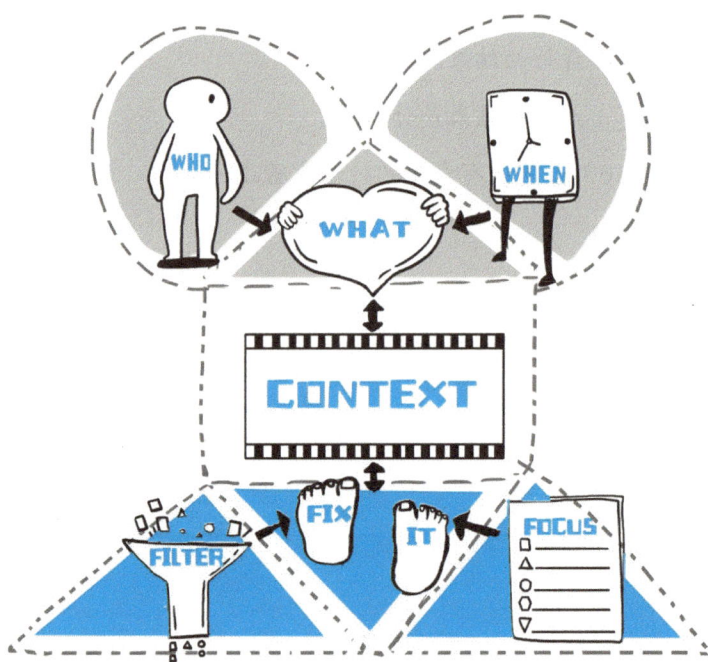

下半场
化繁为简，由远及近，把未完成变成已完成

> 成功源于你能做什么，而不是不能做什么。
>
> ——乔尔·威尔顿

最近出差，碰到了几年前患有严重抑郁症的一位前同事。我们一起喝茶，她气色很好，精神状态也不错。我很好奇其中的缘由，因为在大部分人心目中抑郁症的康复是比较困难的。

"我走了许多弯路，做了无数次的各种尝试后才找到了这个答案。"她说得那么认真，"刚开始的时候，总是睡不着觉，心里的压力巨大，总想着如何彻底消除抑郁症。可是现实的结果越来越糟糕，每天的睡眠时间基本上不超过两小时。"

"那后来呢？"我好奇地问道。

"除了药物的辅助治疗，我开始冷静地思考，为什么不能把目标降低，把每天的睡眠时间定为争取超过两小时呢？"她继续娓娓道来，"随着目标的降低，我的抑郁症状大为改善。现在，我也认可了抑郁症的终身治疗目标就是把发病的频次逐步降低，把每次发病的持续时间尽可能缩短。"

一个小时的简短交流后，当我征询她的意见，想把这段经历写进本书的时候，她欣然应允。她最后还告诉我："希望大家少走一些弯路，专注在自己能改变的事情上，结果就大不同了。"

升维思考帮助我们逐渐明晰了初心的预期可衡量目标。化繁为简，由多变少，尽可能缩小范围。由大变小，由远及近，专注目标，尽可能聚焦当下。这样的降维打击，是朝着一个个小目标推进，从步步为营到步步为赢。

温斯顿·丘吉尔曾说："很久以前，我们就不看重别人说什么了，而是看他怎么做。行动才是真实的事实。"面对复杂的混序场景，从哪里开始，如何做，都是未知的问题。面对未知的场景，通过有目的的迭代试错，用最小的代价，实现早赢、快赢和多赢，集中打击优先目标往往成了我们的不二行动。

1. 分级聚焦：要事第一

　　所谓上山容易下山难，不是由于上山更
轻松，而是你眼里只有山顶这一个目标。

——华山驴友

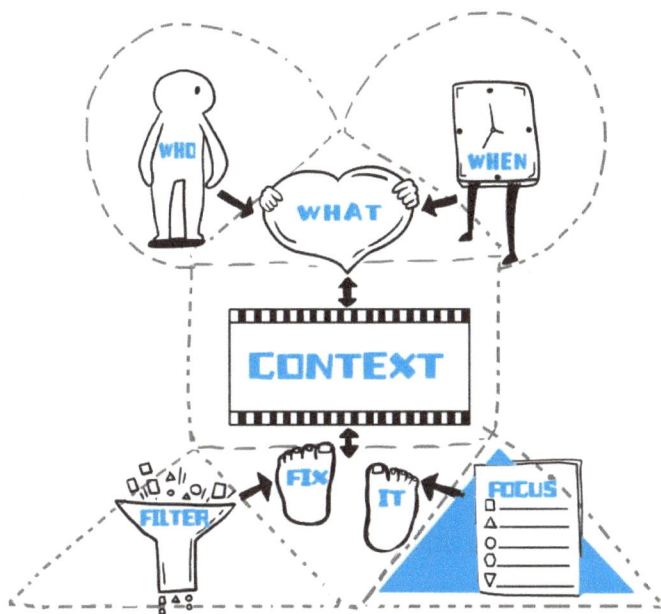

让我们做一个小实验。写下阿拉伯数字 1~9，罗马数字 I~IX，英文字母 A~I，汉字数字一~九。按照图 2.1 所示第一次一行一行地写并计算时间，然后换种方式，一列一列地写并计算时间。

1	I	A	一
2	II	B	二
3	III	C	三
4	IV	D	四
5	V	E	五
6	VI	F	六
7	VII	G	七
8	VIII	H	八
9	IX	I	九

图 2.1　数字排列

比较一下两次完成的时间。我们可以得出结论：一次只做一项简单的任务，而不是同时做多项任务，就能减少一半的时间。

人们往往高估了自己同时执行多项任务的能力。针对这方面的专题，研究者戴维·三本松的报告显示："人们之所以同时执行多项任务，并不是因为他们擅长这么做，而是他们容易分心，难以克制自己去做另一件事的冲动。"换句话说，那些最喜欢同时执行多项任务的人往往自制力较弱，没有办法让自己长时间集中精力。而专注恰恰又是那些成功人士共同的特征。

　　所以，要想实现早赢、快赢的阶段目标，在时间有限、精力有限、资源有限的条件下，需要贯彻断舍离的方法：断掉各种诱惑，舍弃一切对结果不重要的任务，暂时脱离一下自己的舒适区。也就是说，一旦开始做最重要的工作，你就要全身心地关注它，直到最终完成。这样做的前提是按照要事优先的原则对事情进行优先排序。例如，MoSCoW 就是常用的分级排序模型。

贴士：MoSCoW 分级排序模型

MoSCoW 模型由戴·克莱格发明，它是一个英文缩写词，可以帮助我们对任务、活动的重要程度进行优先级排序。M 代表 Must（必须有），S 代表 Should（应该有），C 代表 Could（可以有），W 代表 Won't（现在可以没有）。

不同的优先级是比较出来的。在今天这个混序场景中，其实我们很难一次性就把 M、S、C 和 W 这四个级别排出来。MoSCoW 的使用方法是不断进行比较，逐渐找到最重要的 M。首先我们应该找出 W，这就是我们经常说的有所不为。然后我们去找到 C，因为 C 是在条件允许的情况下才会做的事。留下的 M 和 S 其实构成了我们日常做事的正常范围。一旦受时间限制或资源瓶颈约束无法全部完成 M 和 S，我们就特别需要比较出 M 和 S，然后聚焦 M，因为 M 是我们做事的底线。

2. 分类筛选：化繁为简

　　任何复杂的问题，都可以用一个十字化解成四个答案简单的问题。

　　　　　　　　——2×2 结构思维的拥护者

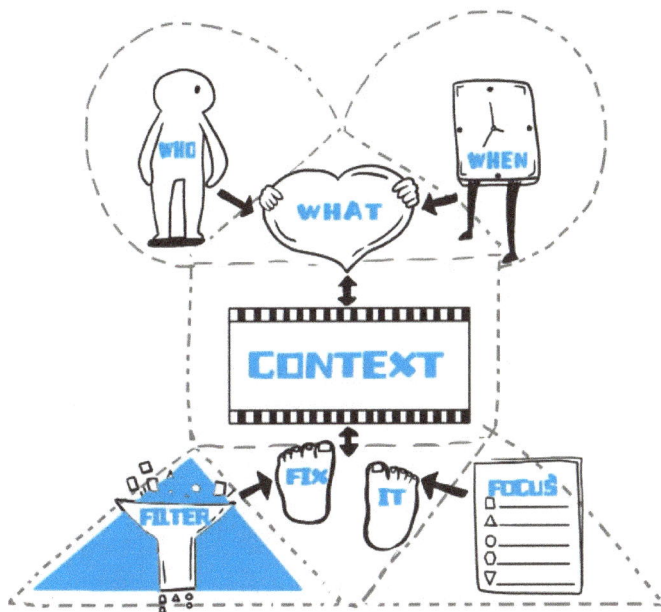

尽管分级排序比较容易理解，但在实际操作中，特别是复杂的混序场景，常常面临着两难选择。寻求单一的正确答案不再可行，有时可以利用互斥目标从而更好地理解复杂场景，并定义问题的边界范围。这时候就需要对复杂场景进行有效分解，然后分门别类地确定解决策略，再按照优先等级分步处置。

这方面比较公认的2×2矩阵分析工具就能有效帮助我们理清两难困境，从而解码我们的问题。表2.1列举了我们常见的8种典型两难困境和2×2矩阵的应用示例。

表2.1　8种典型两难困境和2×2矩阵的应用示例

典型两难困境	关键问题及描述	场景示例
理智与情感	我要如何做出选择？ 基于合理还是合情	
内部与外部	我要如何满足各种要求？ 基于内部影响还是外部变化	
成本与收益	为了实现期望，我要付出什么代价？ 如何以最小的付出得到最大的回报	

续表

典型两难困境	关键问题及描述	场景示例
产品与市场	为了多卖产品，我该如何选择？ 产品销售导向还是市场需求导向	新生 产品：产品开发　多样化／渗透　市场开发；现有；现有——新生；市场
变化与稳定	为了适应环境，我应该怎么做？ 我要做出多少改变才合适	高；变化：混乱　敏控／淘汰　秩序；低；低——高；稳定
已知与未知	我了解什么？我不了解什么？ 我对自己了解多少	知道；自己：隐私　透明／潜能　皇帝的新装；不知道；不知道——知道；他人
重要与紧急	我应该如何分配我的时间？短期的紧急任务和长期的重要任务如何取舍	高；重要：防火　灭火／日常琐事　临时任务；低；低——高；紧急
统一与自治	我应该更集中统一化还是让他们更分散自治一些？ 敏捷程度如何把握	高；统一：官僚　高效／低绩效　任性；低；低——高；自治

3. 分步精进：一次搞定一件事

> 你不能等待别人来安排你的人生，自己
> 想要的，自己争取。
>
> ——《猫的报恩》（宫崎骏执导的电影）

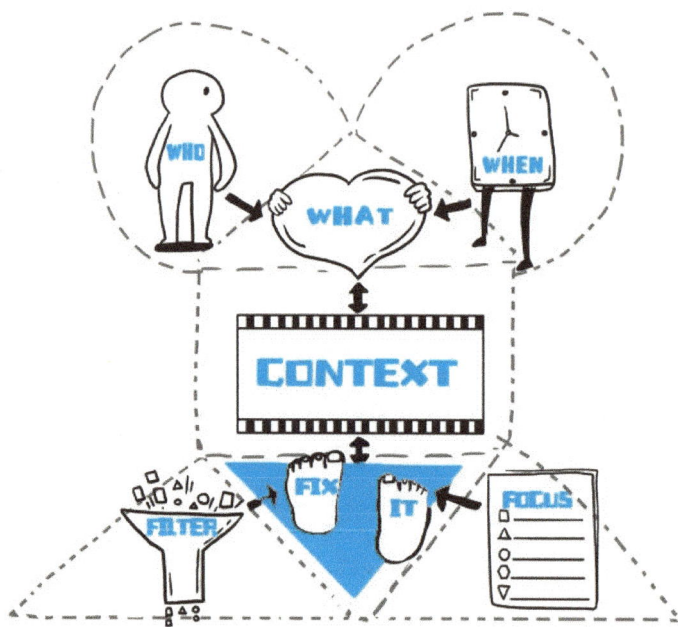

在降维的过程中，我们分析了两难的困境场景，理解了事情的优先顺序，如果前面所有的内容是在阐述做正确的事情有多么重要，那么现在该行动了，也就是我们如何持续、安全地把事情做正确。

首先，我们给自己画一个2×2矩阵（见图2.2），明确降维打击点，然后把任务变成一段一段的短跑冲刺，而不是路途漫长、中间没有停顿的马拉松（见图2.3），这样才能体验早赢、快赢的成就感。

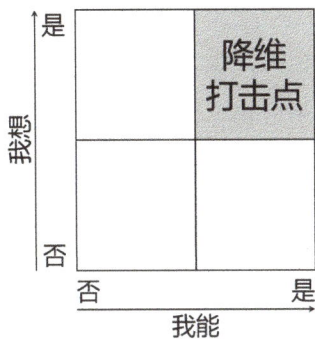

图 2.2 2×2矩阵——明确降维打击图

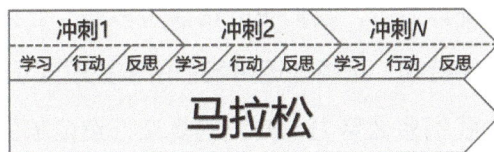

图 2.3 阶段冲刺与没有停顿的马拉松

人人都会犯错误，尤其是面对越来越复杂的混序场景。约翰·麦克斯韦尔说过："聪明的人会从自己犯的错误中学习，更聪明的人会从别人犯的错误中学习，最聪明的人则会从别人取得的成功中学习。"

我们之所以把每个阶段的冲刺都划分成前（学习）、中（行动）、后（反思）三个步骤，就是因为我们在最大程度地减少错误。

错误可以分为两大类：第一类是"无知错误"，就是我们还没有掌握相关知识；第二类是"已知错误"，就是我们已经掌握了相关知识，但还没有正确运用这些知识。

如果解决某类问题的最佳方法还没有找到，那么只要我们尽力了，无论结果如何都能接受。我们讲的迭代试错就是这种情形。"无知错误"是可以被原谅的。

但是，如果人们明明知道该怎么做，却没有做到，尤其是那种后果比较严重的错误，那么这类错误很难不让人暴跳如雷。"已知错误"是不可以被原谅的。

大量统计显示，我们犯的错误中多是"已知错误"，也就是如何持续、正确地运用我们所掌握的知识和技能。因为无论我们多么努力，知识的复杂性造成的失败远远比没有责任心造成的失败多得多。

我们所掌握的知识数量和复杂程度已经超过了个人正确地发挥其功效的能力范围。我们无法离开知识，但知识也让我们不堪重负。

如何在冲刺前立足于主动的经验教训学习，既能让我们充分运用所掌握的知识，又能弥补我们不可避免的缺陷。其实答案如此简单：你需要一个小小的行动检查清单！

世界卫生组织曾经邀请布莱根妇女医院的外科医生阿图·葛文德进行一项实验，要求他带领一支团队去协助减少医疗事故导致的纠纷和死亡。虽然葛文德医生一开始很怀疑这项实验的价值，但他仍然同意试一试，并在 2009 年公布了实验结果。葛文德及其团队的做法就是设计了一个检查清单，包括 19 项内容，覆盖了手术前、手术中、手术后三个部分。这一解决方案减少了超过三分之一的医疗纠纷和几乎一半的死亡率。葛文德医生因此得出结论：检查清单可以帮助所有人避免犯错，它的应用范围比我们想象得广泛得多。

这个检查清单不需要大而全，只需要覆盖关键点。检查清单也许就是一张便笺，不需要那么正式，你就是它的主人，要力求简单实用为上。

　　冲刺后的复盘反思对于下一步的迭代冲刺同样重要。要不断收集信息来反馈和验证你的阶段目标与预期结果的强关联性，要把不同的想法进行对比，用审慎的心态质疑自己的下阶段目标——这是自己的一厢情愿还是持续迈向最终目标的关键一程。

贴士：应用分步的一些要点

专家的研究表明，当我们为了让他人理解"如何行动"这类内容时，经常选择的表达逻辑就是时间逻辑，俗称"流水账"。换句话说，流水账最能让人们理解并指导我们如何开展行动。

不同于体现了重要性逻辑的分级与体现了结构性逻辑的分类，分步骤是时间逻辑的体现。

首先，任何的行动都需要在时间轴上开展，只有落实到时间轴上，行动才能落地，规划才可能变为现实。

其次，分步骤有效地帮我们把行动难度降低了。常言道："饭不是一口吃饱的，但确实是一口一口吃饱的；罗马城不是一天建成的，但确实是一天一天建成的。"说的就是这个事实。

再次，分步骤给了我们对行动进行管控的机会。从这个角度出发，我们就更能理解在组织里，流程、计划、SOP（Standard Operating Procedure，标准操作规程）等的价值所在。这些都是分步骤的具体应用。

我们都知道"摸着石头过河——稳稳当当"这个歇后语。但如果我们面对的是一条从未到过，也没有任何水文资料可以获取的河，请问我们需要摸多少块石头才能过河？答案一定是越多越好。从降低无知错误的角度出发，我们面对的行动越复杂，原则上我们就导向于步骤分得越多一些，越细一些。

与此同时，当我们无法容忍已知错误造成的后果时，即我们非常希望行动是安全的、有效的、能够实现预期结果的，这时候即便我们有丰富的经验，也需要按照细化的步骤管控我们的行为和动作。

解码一刻

这是个动态密码

复杂场景框架一拆为二，升维思考找到了困境中正确决策的第一组密码——3W，即基于初心（What）定目标，从时间视角（When）和他人视角（Who）验证结果的可衡量性、与预期结果的强关联性。

降维打击找到了困境中正确决策的第二组密码——3F，即 Focus（分级）、Filter（分类）、Fix it（分步）。通过化繁为简，实现步步为赢的分阶段目标。

我们再看一看，当你准备改变你的思维，希望用它来解码复杂场景时，最大的障碍在哪里？

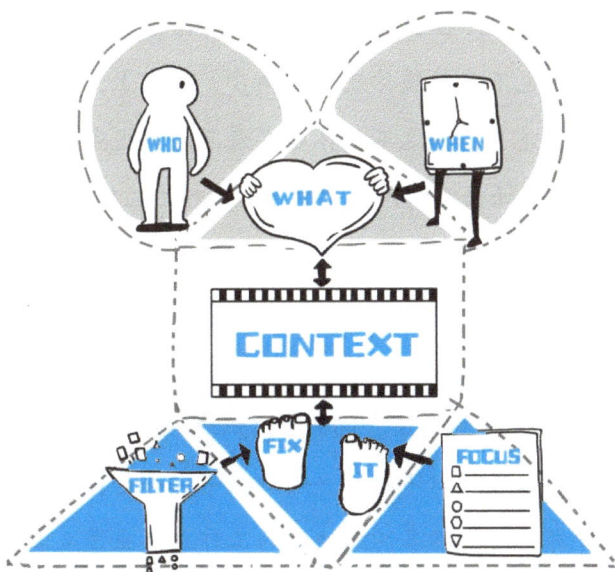

温斯顿·丘吉尔曾说："当有成功机会的时候不去争取，你很快就会发现，自己在没有机会的时候就不得不争取了。"这条法则就是在说，当可以改变的时候就去改变，而不要等到自己无路可走、不得不变的时候再去改变。

改变的第一个最好时机应该是已经过去的昨天，但今天是第二个最好时机。密码已在昨天生成，今天可以使用，明天就会失效。当欣喜于已经掌握全部6位密码的时候，你会发现，这个密码是动态的！因为，答案从未停止改变。

成功的一个秘密就是不要担心那些自己无力改变的事情，但也不要放缓你改变的脚步。事实上，改变的最大敌人就是自己。这不仅体现在看问题的视角、对待他人的方式，还关系到严重影响你时间精力的拖延症。

每个人都会拖延，不管是高效率人士还是低效率人士，他们做事都会拖延。但是区别在哪里呢？答案就是，高效率人士只是在低价值的事情上拖延，他们体现的是"创造性拖延"的做法。他们有意识地确定有些事情是可以稍后再做或可以不做的。而低效率人士是在高价值事情，即那些为数不多的给他们的工作或事业带来影响的事情上拖延。

> 贴士：摆脱拖延症的办法
>
> （1）工作之前，把自己要做的事情列个清单。
>
> （2）采用香肠切片法。把重要的任务切割出来一片，当前集中精力只做这个任务。通常情况下，这会让你很快进入工作状态，进而拖延就消失了。
>
> （3）选择主要任务中的一个分解步骤，立即完成这一部分工作。通常情况下，这会击垮拖延的阻碍，让你开始从事更重要的任务。

（4）奖赏自己。完成清单上的小任务之后，给自己一个具体的奖赏，如喝杯咖啡或小憩一会儿。

（5）可以以每十分钟为一个单元。与其担心怎么样完成整个任务，不如把时间分成每十分钟一个单元，全身心地工作十分钟。

（6）开始工作的时候，把工作所需要的一切都准备好。做好工作的准备通常也能让自己很好地进入工作状态。

在主要任务上实行"80/20准则"。20%的工作能够带来整个工作80%的价值。下定决心先做好这20%的工作，通常就能打破拖延。

学以致用，从评估开始

课程的结束并不意味着学习的结束，它恰恰意味着学习成果转化的开始。

现在让我们挑战一下自己的学习成果。赠送礼物对于每个人来说，应该是一个不陌生的场景。接下来，请基于下面这篇关于赠送礼物的短文，测试一下自己对场景拆解导航图的理解：升维思考的3W是什么？降维打击的 3F 又是什么？

　　赠送礼物是平时经常会遇到的场景，然而如何选择一件合适的礼物，可不是一件容易的事（复杂场景）。

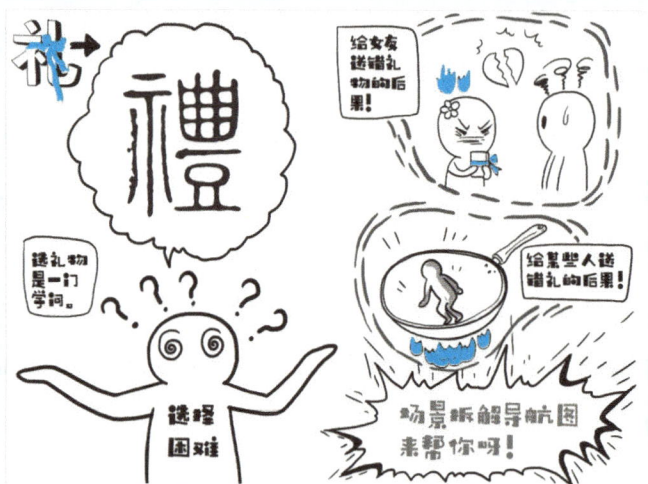

　　首先，礼物接受者对礼物的喜欢程度与礼物的价值不是正相关的。

　　其次，礼物的意义不仅仅局限在物质层面，要想选择合适的礼物，首先要想明白人们为什么要送礼。"礼"，会意，从"示"，从"豊"，"豊"是行礼之器。自古人们就会通过礼器表达对天地的敬意，传递对上天的感情。由礼组成的词包括典礼、礼让、献礼，它们是人们表达情感的方式，人们通过礼物传递情感，增进彼此之间的感情，无论是亲情、爱情还是友情。因此，赠送礼物的结果只有一个度量标准，即礼物给人们之间的感情带来了什么样的变化，最重要的是，是否使感情得到了升华。

人们过往在送礼时，主要考虑了性别、年龄、爱好等因素（**他人视角 Who**），给年长者送礼通常选择医疗保健品；给小朋友送礼通常选择玩具和幼儿图书；给女士送礼通常选择化妆品；给男士送礼通常选择皮带、钱夹更为保险。这些送礼的经验和惯例只能保证让你送礼不失礼（**最差结果 Worst Case**），但想达到让对方收到礼物后惊喜万分、爱不释手的效果（**最好结果 Best Case**），可能性并不大。如果想让对方收到礼物后达到惊喜的效果，选择礼物时就要从场景出发，找到对方的爆点。只有触碰了爆点，才能触碰到心灵，只有打动了对方，才能将礼物从物质层面升华到精神层面，从而加深彼此的感情。

因此，找到爆点成为打开关键之门的钥匙。很多人认为爆点就是需求，这是不对的。满足需求是为了能触碰到爆点，如果需求就是爆点，那么我们在送礼前只需要问问对方想要什么就可以了，显然用这种方式选定的礼物很难打动对方。

　　从简单的人群分类到个性化的"精确打击"依靠的是场景，需求是基于场景而存在的，越与场景相吻合就越能打动人，送礼的效果也就越好。雪中送炭，对方感激涕零；锦上添花，可有可无。随着信息技术的进步和社交媒体的发展，人与人之间的信息交流量呈几何倍数增长，我们每个人的兴趣与偏好信息都越来越多地被显化出来。这些资源是我们过去所不具备的，这些资源告诉我们是下雪还是艳阳。所以，用好这些资源将使我们送出的礼物更好地打动对方，达到增进情感的效果。

　　如果给亲密爱人送礼物，他最近的百度搜索记录或淘宝收藏夹就是你收集信息的最佳途径。试想一下，当他发现你送的礼物竟然是他心仪已久却没舍得买的某件物品时，那种心情是加多少旁白都无法表达的，干脆直接泪崩！

　　如果给家中的父母长辈送礼物，你不妨关注一下老人最近的兴趣点。"80后""90后"的父母基本上没有不用微信的，他们甚至每天至少花好几个小时用在互相转帖和点赞评论上。长辈们转发了哪些主题的帖子，给哪个阿姨、叔叔点了赞，这些都是你挖掘的线索。当看到老人一边埋怨你瞎花钱，一边对你送的礼物爱不释手时，是不是顿时羊羔跪乳之情得到了慰藉？

随着移动互联技术的发展和社交媒体的普及，信息和数据的显化帮助我们更为准确地把握场景。需求建立于场景之上，爆点来自需求得到满足，触碰爆点才能打动对方，才能更好地达到送礼精神层面的目标。

最后一点经验之谈，礼多人不怪。

下篇

刻意练习，成为场景
解码高手

学习领域的大量研究表明，成人的最佳学习方式并非独自练习，而是在场景中实践学习，即在哪里用，就在哪里学。

不同于不断重复的随意练习，刻意练习才是突破瓶颈、挖掘潜能的正确方法。

刻意练习需要有场景，有目标，有教，有练，有分享，有反馈，有结果，有复盘，以及有改进的行动计划。从长远的角度看，占上风的是那些练习更勤奋的人，而不是那些一开始在智商或者其他才华方面稍有优势的人。

最后要牢记，无论什么时候，只要有可能，最佳的方法总是找一位优秀的教练或导师。

为此，本书为读者精心挑选了18个典型的场景故事，用于学习转化中的实践案例练习。

这些故事来自作者们的亲身经历，故事中的"我"特指本书的作者之一。

你只需用5分钟，就能拆解一个场景故事。不是每个故事都需要用6位密码，但你应该至少可以用到1个W和1个F。

这些故事中有的是典型的职场场景，有的则是与我们今天的实际状况契合的、工作与生活相互融合的混序场景。

"纸上谈兵终觉浅，绝知此事要躬行。"最重要的
是，你需要刻意拆解一个真实的场景故事，自己的或他
人的。

9个职场故事

1. 碎片化学习，如何不变成一堆碎片

　　曾几何时，备受推崇的"碎片化学习"方式开始遭到质疑。在漫天飞舞的"微信""抖音""知乎""得到"中，我们奋力刷屏，用心聆听，可回过神来概括，似乎除了最初那几分钟的满足感，什么都没留下，什么都没学到。碎片化学习，真的只是换回了一堆碎片吗？

　　我拿这个问题与火金姐讨论。她是有发言权的，身为市场总监的她，除了同大家一样，忙于工作和家庭之外，还是营销界的 KOL（Key Opinion Leader，关键意见领袖），开着自己的公众号，运营着微信社群，担任好几家机构的营销管理顾问。天晓得她哪来那么多时间，不仅能够更新迭代，还可以引领新知！"你想，从何时起，碎片化学习变成了大众的话题和忧虑？"她接着提

醒，"在智能手机和移动互联网出现之前，大多数人都无法有效利用碎片化时间。而如今，每个人都能见缝插针，只要有个三五分钟，就会看资讯，玩手游做好多事情！"我恍然大悟，从时间的维度去审视，一切变得明朗起来：碎片化时间，从难用到可用，现代科技为大众提供了便捷的连接性，乃时代之进步也。可是问题只在于，对于这种新兴学习方式，人们还没学会如何成为一个驾驭者，所以常常一不小心，反而成了手机的奴隶。

放下质疑、拥抱趋势是碎片化学习的本质需求，它表示要尽可能充分利用有限的时间。新时代的问题的关键是，如何正确且充分利用当代科技来最大化学习的效能。

升维思考，透过现象看本质，从时间视角（When）解码碎片化学习，并找到问题的关键。

火金姐不吝啬地分享了她的心得，她认为，掌握新时代的碎片化学习，必须做好以下三件事。

1）设定碎片化学习的边界

减少一切不必要的碎片化时间是前提。火金姐会很警惕手机上那个提示未读红点的邪恶诱惑。不会在拿起放下间，人为制造出碎片化时间，这其实是对自律力的考验。管理大师德鲁克介绍过的观察真实的时间花费这种时间记录的方法是很管用的。

对于碎片化时间，需要针对性地安排内容。并不是所有碎片化时间都要用来学习，有时就需要放空和休息。

做好时间管理，定义碎片化时间，这是典型的分类做法。切勿把高效能的时间人为碎片化。

2）明确碎片化学习的轻重

从学习的方法论上来说，真正学到一点东西，是离不开专注和持续的时间投入的。系统化学习和碎片化学习，一个是正餐，一个是零食，无所谓升级和替代。

碎片化学习获得的多是杂而不深的信息。系统化学习构建的则是相互连接的知识网络。真正的学习是新信息的获得，导致你的知识网络也随之扩展。因此，碎片化学习的有效性构建在系统化学习的稳健性之上。

"现在你晓得，之所以我能在公众号里号称'用营销思维搞定一切'，是因为我已用十多年时间通过大量营销著作的系统阅读和营销实践的积淀，在心中构建了一个营销知识体系。"火金姐介绍说，"一旦将体系构建起来，若你能善用当今的互联网技术和产品，碎片化学习的效能将呈几何倍数增长。因为，新技术为知识的主动搜索和主动连接提供了更好的工具。"难怪她总对各类知识App很敏锐！

> 如果学习都利用碎片化时间完成，也就无所谓什么碎片化学习了。将学习分为系统化与碎片化两个级别，系统化学习做基础，碎片化学习做加法。

3）最大化碎片化学习的效能

"想要学得快吗？去开个微信视频号吧！"火金姐公布了她的撒手锏，"学习的起点不是焦虑，而是问题。正是因为我提出的'用营销思维搞定一切'的口号，所以，无论是社会热点还是旁人观点，都会触发我的思考，使我不断深化对营销思维的认知，如适用于哪些场景，应用时要注意哪些问题，应用到什么程度。基于输出的输入，效率最高。"输出不是为了传播，而是为了思考和学习。

> 以终为始，不忘初心。学习废品常常由漫无目的学习产生，碎片化学习更是如此。

"碎片化学习不是一个新课题呀。"火金姐朝我眨眨眼。确实，北宋大文学家欧阳修就提过"马上、枕上、厕上"。古今有大成者，多半具备这种利用碎片化时间的能力。

好了，火金姐的故事说完了。它是会成为又一碎片，还是会被内化吸收掉？聪明的你，接下来会怎么做？

小结

（1）升维思考，时间往往可以帮助我们透过现象看到本质。碎片化学习在过去、现在和将来都将存在，如何最大化学习的效能，才是核心问题。

（2）驾驭新时代的碎片化学习必须做好三件事：

★ 通过时间管理分类，明确定义碎片时间；

★ 将学习分为系统化和碎片化两级，系统化学习＋碎片化学习；

★ 明确碎片化学习的目的，回归初心，减少学习废品。

（3）推荐读物：《精进：如何成为一个很厉害的人》。

2. 老师，下一步我该考什么资质证书

培训课堂上，每每介绍到本人持有 40 张国际资质证书时，总会迎来学员的一片惊叹声。个别学员会在课间休息时过来咨询："老师，您那 40 张证书都是什么？我是自费，下一步应该考哪张证书？"我说："你先别着急，等下了课我们单独聊一聊。"

个人考证是个典型的复杂场景，包括考证目的、难度、时间、费用、行业潜力、专业发展趋势以及个人年龄等多个背景因素。

课程一结束，我们就面对面坐下来。"在回答你的问题之前，我先问你几个问题好吗？"这已经是我的标准套路了。

第一个问题："你考证的目的是什么？"多数人的回答比较相似，就是为了提升个人能力，给自己增加职场竞争砝码，从而创造更多的机会（或公司内，或市场上）。

第二个问题："如何衡量这一目的的达成，即可衡量的预期结果是什么？"尽管大家的回答会有差别，但基本集中在公司内部加薪升职，或找到新的工作，也就是从投资有了财务回报这一角度来衡量。

从初心意图转变到可衡量的结果指标。

第三个问题："你预期的投资回报周期是多久？或第一次的回报是什么时候？"听到这个问题，多数人就基本上不太确定了。他们的回答常常是拍脑袋的两年之内。

第四个问题："你期望的财务回报，最可能的买单者是谁？"面对这个问题，基本上学员都沉默了。这个时候，我通常会引导一下："是现在的雇主、新的雇主，还是其他人？换个角度来说，如果你是他们，你会为此买单吗？"

时间视角（When）——目标何时达成；他人视角（Who）——谁是将来最可能的买单者。只有细致考虑这些未来场景，你才能准确评估预期结果能否达成。

听完上述几个问题后，学员的困扰就不是要考哪张证书了，而是希望自己先静下心来，重新审视考证的目的。有一些学员第二天就把上面的问题想清楚了。

我们继续聊如何选择该考哪张资质证书，并分享一下我的实际做法。由于我的职业是顾问讲师和教练，所以可选择的考证方向和种类相当多。首先，我会尽可能罗列出市场上与我工作关联度较大的资质证书，并把它们按证书产品成熟度与国内市场需求成熟度两个维度进行 2×2 矩阵分类。参照图 3.1，从证书回报周期、投资回报率以及失败风险三方面来考虑，一般来说，新证书产品＋新国内市场在这三方面中的数值都比较高，现有的证书产品＋现有的国内市场往往已成为行业进入的基本配置。

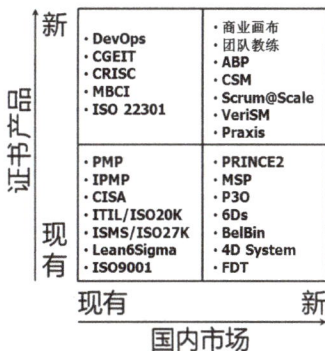

图 3.1　基于作者当下视角的证书产品成熟度与国内
市场需求成熟度 2×2 矩阵图

分好类后，按照投资回报快慢的决策标准，用MoSCoW模型进行分级排序。当然，这里面有一个产品组合制胜因素需要考虑。请注意，如果是自费，我会用投资回报快慢而不是成本高低为标准。但如果是公费，我会用付出成本的最高费用标准来排序，哪怕是与雇主签赔偿合同也从不犹豫，这里面有两个因素需要考虑，一个是投资回报，另一个是货币贬值。

另外，学员常常对自己该如何准备考试也比较困惑——究竟是证书导向还是知识导向？其实这也不难，学员只要再思考一下自己最初想要参加这个资质考试的目标，就能明白该如何行动了。

我的做法是以用最低时间成本通过考试及格线为原则（当然讲师资格的及格要求通常会高一些）。同时，在既定的时间内最大可能地掌握将来工作场景中最有用的知识而不是考试内容。也许，你将来的工作角色是乙方的顾问讲师或教练，或者甲方的项目管理或团队领导者，那么你要尽可能让所学知识与实际场景强关联起来，即不仅要输入，更要通过处理输入信息后多多输出，比如快速画出脑图，快速变成自己习惯记忆的知识点，这样才能真正地理解所闻所学。讲师没有这方面的义务，毕竟他是为整个培训班学员服务的，他关注的整体知识框架胜过个人的个性需求。

　　做好这些思想准备之后，你就可以开始行动了。在准备考试时，我一般以绝对断舍离的状态，在考前按需休假封闭 3~5 天冲刺。大多数时候，考试结果都很不错，但偶尔也有失败的时候，那就尽快（我偏向两周内）补考通过。总之就是想好了考试最坏的结果，不要无谓消耗能量。

　　值得一提的是，不管多累，我都会在考试结束后的当天，花大概 1 小时整理资料笔记，总结收获。这些要么变成将来可以直接使用的 PPT 内容，要么浓缩到一张便签纸上助于长期记忆。然后，争取在一周内把它彻底内化进自己的知识体系。作为一个语言学习者（相对于文字学习者），我最有效的做法就是讲述给其他人听。实践证明，输出驱动的学习效果要远大于输入信息的学习效果。

　　分步（Fix it）冲刺——事前充分准备，过程中要断舍离并专注目标，事后实时反思复盘。

　　考证是一项有效的投资吗？我的经验：是。从 2000

年的第一张 MCSE（Microsoft Certified Systems Engineer，微软认证系统工程师）证书开始，每年我最少要考一个国际权威证书，22 年间共获得的 40 个国际认证资质带给我的投资回报率肯定超过 10 倍以上。

小结

（1）考证对于许多大学生或职场人来说是一件既乐此不疲又痛苦不堪的事。有人提醒道："证书是为你的梦想服务，而它本身不是你的梦想。"读过这个故事，你应该知道如何为梦想规划你的证书了。

（2）如何能提高考证投资的成功率？每个人的考证场景复杂程度不同，但有两个重要因素是共通的：有可衡量的阶段结果目标，即何时收回成本；有证书组合使用价值最大化的设计思维，即如何使用证书。

（3）推荐读物：《精进：成为职场精英的 14 项修炼》。

3. 和老板谈涨薪的正确打开方式

小乔感到了前所未有的经济压力：女儿到了读幼儿园的年纪，公立幼儿园进不去，只好选私立幼儿园。然而，私立幼儿园一个月几千元的费用，让家庭财政顿时捉襟见肘。再看自己，这几年一直在一家外资培训公司做运营经理，为课程和讲师提供日常的支持，称得上敬业勤恳，也经常在课程繁忙的季节加班加点。但薪水，每年就按着公司的规定涨幅 3%~9%。

"如何跟老板提出较大幅度的薪酬调整呢？"小乔压力山大却心如乱麻，她决定同做 HR（人力资源）的老友徐姐聊聊。

"先问自己三个问题：你有超过一年的时间没有加薪了吗？你的薪水确实低于行业平均水平吗？外面有人在用更高的薪水勾引你吗？"明亮的咖啡馆里，徐姐的开场同样敞亮，"从你的情况看，这三个问题的答案都是'不'，对吧？那我觉得，你的老板确实没有给你额外提薪的必要。"

虽然不敢相信自己的耳朵，但这位老友的表情告诉自己，她并没有在开玩笑。"可是，我的努力有目共睹啊，可以算是称职的好员工！"小乔想要再次提醒她，自己有涨薪的正当理由。

意图不等于结果，多数人都会觉得自己的薪酬回报低于自己所付出的努力。但是，站在老板的立场上，他更关注的是你实现的成就，而不仅仅是努力。

"你有多容易被替换掉？"见小乔一脸懵懂，徐姐决定细细解释一下，"很多人认为，薪酬与劳动成正比，但现实是，薪酬是与你的不可替代性成正比的。你想想，老板看的是在整个人力市场上能不能用同样的薪水找到同样甚至更高能力的人。如果能找到,为何要给你加薪？当然，因为市场信息的不充分性，替换同等人才是有交易成本的，如猎头费、新人培训成本等。同等人才越不容易找，交易成本就越高，即越不可被替代。真正的加薪空间，就是这个交易成本。"徐姐顿了顿，希望小乔能明白，"你一直是在和整个市场的人力供给去博弈，而不只是同事或自己。真正有效的加薪策略，是提升自己创造价值的不可替代性。"

"不可替代性。"小乔念叨着这个词，不禁暗自愧然。运营工作细琐却也规矩，几年下来她已轻车熟路，不过比起其他同事，她也无非效率高些而已。她细细琢磨，恍然悟到什么："涨薪是结果，不是目标，对吗？不断地超越岗位本职要求，替公司创造出更多的价值、别人不可替代的价值，这才是目标。薪水，自然随之而来？"

徐姐赞许地点点头，并提醒她："不可替代的价值，同样也是从老板视角出发，与老板的目标是一致的。想想老板和你说过最多的话是什么，公司业绩目标中与你关系密切的是什么，那就是你们之间可以创造的新价值。"

跟随着徐姐的话看向未来，看向自己能掌控的部分，小乔心头对于薪水的纠结似乎消失了，头脑一下子活跃起来：运营不仅是后勤支持，还可以是业务驱动，老板提过很多次的客户全过程体验，却没人落实。为何没想过主动请缨——通过自己丰富的一线经验与业务敏感度，让运营真正与业务融合，做出不一样高度的运营管理来？想到这里，小乔已经迫不及待地想回去细化方案书并与老板进行探讨，甚至连开场白都想好了："老板，我希望接手这份具有挑战的工作，不知道您能否为我创造条件，让我尝试一下？"

接下来的这次探讨，很可能是一次关键对话。
因此要在事前、事中、事后，分步做好准备。

这种请求，一般都很难被拒绝。另外，聪明的老板都知道，你想要涨薪了。

小结

（1）如何把自己卖个好价钱？这是一个很多人感兴趣的话题。就好比为自己的产品定价一样。成本定价法？市场定价法？抑或竞争定价法？实际上是多种方法的结合。但从升维思维来看，其中的核心要点是一致的，即客户的视角，也就是老板的视角。告诉他你值多少钱，而不是你想要多少钱！

（2）每个人的职业生涯总会有几次关键对话，关键之处在于这种对话可能会影响甚至改变我们的发展轨迹。

（3）推荐读物：《关键对话：如何高效能沟通》。

4. 如何让"紧张"帮你成为演讲牛人

　　小艾尝试过无数种让自己演讲不紧张的方法。深呼吸？一上台就面红耳赤，掌心冒汗，心脏怦怦狂跳，根本就控制不住呼吸！告诉自己"别紧张"？身体不由自主地僵硬！把观众想象成石像？他们会动啊，眼睛还都盯着自己呢，一接触观众的眼神，只想低头避开！要遇上大家鼓励的掌声就更糟了，本在努力回忆的思路，一下子全被打乱，大脑瞬间空白！

　　但小艾却不得不尽快攻克这难题，因为他是一家势头不错的创业公司 CEO，原本靠技术靠头脑就好，但现在时局不同了，拉投资，见客户，带团队，甚至有时被请去行业会议当嘉宾。哪一样他不得当好公司发言人，侃侃而谈、头头是道？

　　他也查过很多演讲书，懂得悉心准备，反复排练，但一上台还是会被紧张控制。焦急之下，他去请教专业的商业演讲教练老乔。

　　"怎样才能做到在演讲时不紧张呢？"

"你看，这问题一开始就问错了！"老乔一听，笑着回他，"没有谁会不紧张。《时代周刊》曾做过一个调查，让人选择十项最害怕的事物，排名第二的是面对死亡，高居榜首的你猜猜是什么？答案是公众演讲。真正的问题不是如何克服紧张情绪，而是如何将这种正常反应控制在合适的范围内，以免其对演讲造成破坏性的影响。"

"大家都会紧张？这确实让我感觉好了一点。可是，紧张能被控制吗？"小艾想起自己的屡战屡败问道。

"这需要一个系统脱敏的过程，"老乔解释道，"就好比你第一次吃辣椒的时候会辣到流眼泪，但后来慢慢尝试了之后就能接受，甚至无辣不欢。唯一不一样的是吃辣椒的过程，你内心是不抵抗的或者无所谓抵抗的，也就是说，吃之前你一般不会告诉自己，不要辣啊。但在演讲的过程中，很多人会充满不合理的预期和抵抗。例如，上台前就告诉自己不要紧张啊，紧张就完蛋了，所以效果会和适应辣椒不同。"

"我听明白了，我得承认紧张，接受紧张，紧张才能慢慢脱敏。但在现阶段，是不是我还会因为紧张而搞砸演讲？"小艾马上又提出一个很现实的问题。他的每一次公众演讲都至关重要，可能决定着这家初创公司的走向。

老乔明白了眼前这位小伙子的症结所在，反问之：

"你有没有见过，演讲者讲得有点磕巴，自己也觉得不够自信，观众却给予不错的反馈？或者，演讲者眉飞色舞，谈笑风生，观众却哈欠连天或者低头看手机？为何会有评价的差异？"他顿了顿，让小艾有时间换位思考："演讲者通过自我感受来评价自己的演讲，而观众根据信息的有效性来评价演讲。认识到这一点，你就会明白自己的感觉并不是最重要的，因为观众更关心的是你传递的内容和信息对他们是否有价值。"

> 从观众的角度看，特别是随着时间的推移，他们关注演讲内容的价值远高于他们对演讲者的感受。

小艾豁然开朗，想想自己不也曾被好多非专业的演讲者打动，紧张反而让他们显得真实而可爱。小艾起身感谢并表示在接下来的行动方案演讲中会试着接受紧张，并把注意力更多地放在演讲内容上。

老乔赞许地点点头："道理你听懂了，但要把潜意识里害怕犯错的思维习惯快速纠正过来，并没那么容易。"经验丰富的他狡黠一笑："送你一颗彩蛋吧，叫作'拥抱紧张'。"看着小艾好奇的眼神，他慢慢说道："'拥抱紧张'的练习，就是每次演讲时，必须主动犯一个小错误，如抖腿或语调平淡。可以从让你轻度紧张的场景开始练，慢慢升级到中度和高度紧张的场景，熟练后还可以每次设计不同的错误。记得记录每次练习后自己和观众的感受和反馈，你就会发现它的神奇！"

演讲，作为一种技能的精进，一定来自刻意的练习。

这些方法有多么神奇，交给你自己去探索和发现吧。

现在的小艾，看上去已经脱胎换骨了。他悄悄地告诉我们，他上台时还会有点紧张，但现在的紧张感能让他保持兴奋并能够快速思考，对观众的反应也更敏锐。他怀念那几个月不断训练、见证自己转变的历程。他偶尔还会偷偷用一次"拥抱紧张"来看看有多少人能察觉他犯错，那是种好奇而窃喜的游戏乐趣！

记住，最好的演讲绝不是在完全不紧张的状况下出现的。从对抗紧张、接受紧张到拥抱紧张，让"紧张"帮你成为演讲牛人吧！

小结

（1）演讲者应该理解，听众更看重演讲内容，而不是演讲者。最能打动听众的是演讲者的热情，而不是演讲者的技巧。

（2）学习领域的大量研究表明，成人的最佳学习方式并非独自练习，而是在场景中实践学习。即在哪里用，就在哪里学。不同于不断重复的随意练习，刻意练习才是突破瓶颈、挖掘潜能的正确方法。

（3）推荐读物：《刻意练习》。

5. 如何做出让老板满意的高大上项目方案

小梁是任职于世界 500 强企业知名的 IT 程序员，毕业后的五年因为扎实勤奋地工作，慢慢成为部门的核心骨干。在六个月前他由原来的项目成员被任命为项目经理。小梁很清楚自己的能力，所以他努力学习项目管理知识，在短短几个月的时间就获取了项目管理领域的知名认证：PMP（Project Management Professional，项目管理专业人士）。但在学到各种理论框架和各种项目管理工具后，小梁发现很难将它们运用在具体的工作上。在最近的两个项目中，他做的项目方案连续被老板打回，老板非常不满意，认为项目方案的思路有致命的错误，要求他推翻原有方案重新写。小梁感到超级郁闷，项目团队成员压力也非常大，连续一周加班都身心疲惫。

- 为什么老板总是不满意？
- 老板为什么不能清晰告诉我们具体想要什么？
- 老板的要求为什么总是在变？

项目管理是一个典型的复杂混序场景。尤其对于一个新的项目经理来说，其未知性和唯一性的挑战不言而喻。

项目总监海伦知道了小梁所在项目团队的困难，及时来了解情况，看看能否帮助到他们。海伦拥有接近20年的大型复杂项目群管理经验，在行业里很有知名度和影响力，企业内都尊称她为海伦姐。关键是老板也非常信任海伦姐，很多关键决策都会听取她的意见和建议。

海伦姐了解小梁的情况后，又仔细阅读了他的项目方案，明白了问题所在。海伦姐和小梁说："如果你想做出让老板满意的高水准方案，首先就要转换你的视角。我做项目方案的时候，经常会从客户视角和老板视角来思考以下三个问题。

"（1）作为客户／老板，为什么要做这个项目？

"（2）这个项目对他们而言，分别有哪些可实现的具体收益？

"（3）如果他们不做这个项目，又分别有什么问题？"

海伦姐继续反馈道："你的项目方案是从项目团队的角度来阐述项目做了哪些工作，能实现什么功能。但这些都是技术语言，不是业务语言。客户和老板最关心的不是你准备做什么和实现什么功能，而是如何实现业务收益。从项目的成果到业务收益这个过程你完全没有考虑。"

> 项目商业论证从项目投资人的视角出发，论证项目在特定时间可实现的收益、项目成本和项目风险。项目商业论证是典型的项目场景升维思考工具。

小梁听后略有所思，点了点头说："我明白了。我想把项目做完，但忽略了客户和老板最关注的商业价值和业务收益。我会补充上去的。那是否我描述清楚其商业价值和业务收益，它就是一个高水准的项目方案呢？"

海伦姐微笑着说："清楚描述收益，是高水准方案的第一步。而如何通过结构化的工具，把项目产出分解成一个个独立的工作包，然后按照优先级排序模型通过阶段计划分类分批地完成，也是客户特别关注的项目方案内容。"

> 基于产品结构分解的项目阶段计划是典型的项目场景降维打击工具，即分级排序、分类控制、分步实现的阶段迭代实现过程。

在海伦姐的指导下，小梁按照以上整体思路，基于对象的兴趣点和对主题域的期望优先级，也为了让阅读者的体验更好，做了几份不同的项目方案，分别有老板汇报版、客户汇报版以及内部团队版。不同版本因为视角、兴趣点、优先级的不同，重新调整顺序，最终项目方案得到了多方的高度认可。

小结

（1）高水准的项目方案需要充分照顾到多方不同的视角，特别需要从商业角度说明如何实现业务收益，而不仅是交付一个项目输出。

（2）针对不同阅读对象的兴趣点，对项目方案各分类主题域进行组合与优化，这样便能大幅提升方案的阅读体验。

（3）推荐读物：《受控环境下的项目管理——PRINCE2®》。

6. 这些年，我们遭遇的"假"培训

陈怡在一家国内大型培训公司做销售时，颜青是她服务的一家互联网独角兽企业的培训经理。几年后陈怡转行做了咨询顾问，两人一直保持着联系，隔段时间就会碰面聊聊各自的工作和生活。

在最近一次碰面时，颜青向陈怡说起了工作上的不顺心。在一次人力资源部门的会议上，负责人尹甲提到，最近颜青负责的青年人才培养项目收到了来自几个业务团队负责人的非正式反馈，他们认为项目耗费了他们比较多的精力，收效好像也并不明显，希望能在接下来的项目阶段有所优化。这让颜青感到有点焦虑和失望，为了这个项目她从策划到执行花费了很多时间和精力，以为会得到业务团队的认可，没想到大家并不满意。

颜青忧虑地对陈怡说："为了提升今年学习发展项目的效果，我想了很多办法。用问卷和访谈的形式认真征求各部门的培训需求。在选老师方面也是严上加严，如案例的开发，以及课前准备、课后转化都联合老师一起

下了好大的功夫。像在线微课、沙盘演练这些新的培训方式也都在使用。可大家还是不认可，真搞不懂是哪里出了问题。"

陈怡问她："如果先放下你做的投入，从业务团队负责人的角度，你觉得他们最在乎的是什么？"

"当然最关心团队的业绩。"颜青不假思索地答道。

"好的，那你觉得今年的项目和他们关心的业绩有多大关系？它所带来的帮助大吗？"陈怡启发她。

这次颜青没有很快给出答案，她似乎没有十足把握。

陈怡再问："回想一下你自己当学员的时候，你觉得培训对你后来的业绩有多大程度上的帮助呢？或者说，培训中的所学有多少会变成自己工作中的新能力，从而帮助绩效的改善呢？"

颜青沉默了。再开口时她说："如果从这个角度讲，所学转化成能力肯定是不足的。至少每个人情况不同，有的人愿意用就用了，更多的人可能忙起来就忘了。说实话，我不确定那些培训能带来业绩的提升。"

陈怡笑了，说："根据 6Ds® 公司做的全球调研，仅有 16% 的学员掌握了培训内容并长期用于改善他们的绩效。你看，这可是一个全球性难题。所以业务团队的负责人质疑培训的投入产出其实也不意外。"

"可是这个难题要怎么解决呢？ 6Ds® 公司有给出什么建议吗？"颜青问道。

陈怡向颜青介绍，6Ds® 是一套培训项目管理方法框架，核心价值就是通过六个原则的应用，将培训转化为绩效结果。它反映的是培训真实的投资回报，这与培训出资人（老板）的视角是高度一致的。6Ds® 公司认为，培训课程应当被视作一个过程而不是一个事件，人们要用项目的思维去进行管理。

培训的终极目的是收益，可衡量的结果目标是学员的行为改变，当然，我们需要把这个改变放到一个时间维度里。培训出资人看中的是投资回报率（ROI），而不是学员的满意度以及课程是否独特等。

颜青很好奇，她以前倒真没有听过这样的观点。"到底是怎么做到的呢？"颜青问道。

陈怡告诉颜青："培训的出资人都是从产生的业绩回报看培训价值的。6Ds® 公司经过研究发现，培训是靠改变学员的行为从而改善业绩的。所以很关键的两点是，第一，本次培训要改变的学员行为是紧密关联当前他们的绩效目标的。第二，培训结束后要保障学员学以致用，不断练习，形成新的行为。这些保障包括培训负责人要给予督促、鼓励和支持，并给予学员辅助的工具和相应的教练等。"

颜青很认可陈怡所说的，频频点头。陈怡接着说："还有一个很重要的'保障'，就是培训本身的设计要实用，要和学员的工作高度相关。培训结束的时候，学员如果充满了回去应用的信心和动力，培训本身就达到效果啦！

"作为培训项目的策划者，要回答两个核心问题：培训要达成什么样的业务目标？学员应该有哪些行为上的改变？将这两个问题精确定位以后，策划才会有的放矢。"

听到这里，颜青问了一个问题："这听起来是一套很棒的管理框架，我还会去了解更多内容。令我担心的是，我在培训项目上已经投入很多精力了，但按照 6Ds® 的步骤做一次培训项目的策划和执行，似乎比现在的方式更费精力和时间。我们公司有上千名员工，管理者也有几百名，投入太大了！"

课程前，围绕目标设计完整的过程体验；课程中，引导学员学以致用；课程后，提供绩效支持并由学员的直线主管驱动学习转化。这是用 6Ds® 在培训场景中降维打击的核心体现。

陈怡笑道："你的担心是很有道理的，但并不需要将用在所有的培训项目上。例如，有些为了促进团队关系的拓展培训，有些专业技术资质培训，并不一定要用 6Ds®。而像管理者的能力培训、大客户的销售培训，以及学员的行为改变特别需要环境支持的，就可以优先采用 6Ds®。所以你可以先对培训项目进行分类和分级，找到 6Ds® 的目标'用户'。当你把资源用在那些优先级的培训上时，也许整体培训投入反而会变少。有些不能靠培训解决的问题和一些'鸡肋'培训项目，应该被明智地叫停。"

颜青看起来更加有信心了，她最后问了陈怡一个问题："如果我现在尝试用一下 6Ds®，你有什么建议吗？"

陈怡对颜青说："如果只能给你一个建议，那就是——**从容易摘到的果子开始**。把培训项目做分级，找到那些见效早、见效快的开始尝试。注意，不是容易做的项目，而是容易做成的项目！比如你们互联网公司项目型的工作很多，项目管理经验不足会带来交付质量和交期等各种问题，这时候可以考虑从项目管理能力提高这个小项目切入，应该会很契合业务团队的需要。"

"另外，我还有一点建议。"陈怡说道，"如何让业务团队的管理者更加支持你的项目，认可你的项目？培训项目的定位如何能紧密关联业务目标？这些都需要你从项目的一开始就加强与业务团队管理者的沟通，建立共同的目标，让他们感受到他们在项目中的责任和收益，使他们成为'自己人'，这样你的项目会做得更顺心有效，也不会出现吃力不讨好的局面。"

导入 6Ds® 是一个变革过程，而变革从来都是一个迭代前进的过程。早赢和快赢最能让人们感受和体验阶段变化的收益，从而给予变革更多的支持。

小结

（1）在准备培训前，首先问自己一个问题："我们是不是又在制造一个培训废品？"

（2）一旦决定了培训是解决问题的方法，请遵循学习发展项目的6Ds®法则（见图3.2），考虑参加一次6Ds®培训课程，请一位好导师帮助组织导入6Ds®。

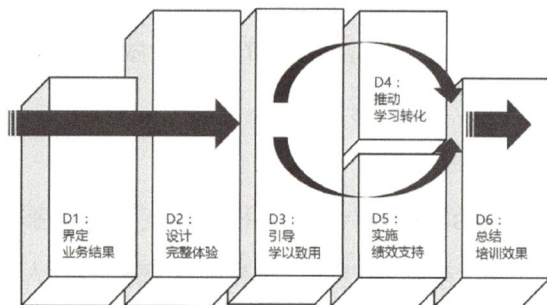

图3.2　学习发展项目的6Ds®法则

（3）推荐读物：《将培训转化为商业结果：学习发展项目的6Ds®法则》。

7. 职场危机三日

这是一次真实的职场危机经历。

1）危机凌晨悄然而至

凌晨 4 点，酒店床边的电话铃声划破静谧。西蒙按下接听，展会货运公司负责人带着哭腔告诉他，参展设备丢了，他们已在海关仓库里翻找了四个小时，一无所获，而海关仓库彻查至少要半个月。一个激灵后，西蒙顿时睡意全无。他想到，距离展会正式开幕还有三天！

2）展会和设备

这是一个四年一届，号称"行业奥运会"的展会。公司展位现场搭建已经基本完成，即将要展出的是一套全球首推的全自动系统。展会期间将有来自全国各地的 100 多家客户到展位观摩、现场演示，其中包括两家潜在购买意向很高的重点客户。

3）拆解初心

作为市场部负责人也是展会的全权负责人，西蒙深深吸了几口气，努力让思绪从惊醒的混乱中恢复平静。

这是不可抗力因素，从西蒙的角度来考虑，可以在设备空地摆放沙发，现场演示改为现场视频播放演示，这是最简洁和快速的解决方法。但是，难道就这样向总经理汇报？

从总经理和总部的角度来考虑，这是四年一次的机会，一场全球首秀！考虑到展会前期的广告宣传、销售铺垫，展会筹备的巨额投入，100多人的现场演示观摩团，两家潜在的购买意向客户以及总部对于中国市场的巨大期望，如果有任何机会可以让设备现场演示，一定是总经理和总部最期望看到的结果！

此时，一个疯狂的想法闪现在西蒙的脑海——立刻再运一台设备来展会！但是，只有三天的时间！

4）降维策划

西蒙迅速拿起床头的便笺，开始给疯狂的想法做实施的可行性规划。毕竟，不能只带给老板一个疯狂的想法。西蒙开始采用以终为始的倒推法，设备安装调试至少需要一天，往前推是清关和运至展会的时间，再往前推是货物航运的时间。幸好德国工厂还有一套设备。从预定航班货位，工厂到法兰克福机场的运输，到设备货架熏蒸，每一步都以分钟来计算。如果任何环节都没有出错，时间应该是将将够！

再看相关方资源支持的可行性，毕竟这个危机拯救行动方案，需要钱、人、物等诸多额外的投入。在画完这张图（见图 3.3）后，西蒙终于长舒了一口气。

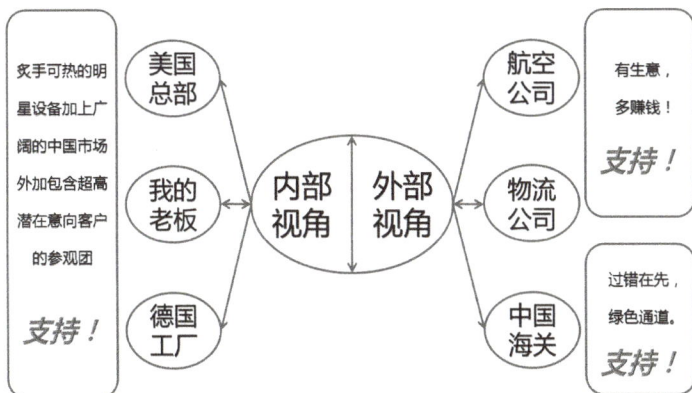

图 3.3　相关方资源支持的可行性

5）付诸实施

凌晨 5 点半，西蒙拨通了总经理的电话，向他报告了危机，并提出了应急拯救方案。总经理很认可，并立刻与美国总部及德国工厂沟通，而总部的态度也正如西蒙所料。

面对危机时刻，时间维度和相关方的视角尤其可以帮助我们锁定具体的任务目标。要记住，初心一定是利益相关方共同的初心。换位思考很重要，但知易行难。能从公司、老板、同事、下属、客户、友商、家人、朋友的角度来思考问题，你才能锁定一颗真实可行的初心，而不是私心。

接下来的三天，西蒙感到时间从未如此清晰地存在过。西蒙一边盯着手头的计划进度表，一边电话监控着每一个重要节点。"航空公司舱位已经确认""货架熏蒸已经完毕""设备已经出库""设备已经抵达机场""飞机已经起飞""海关绿色通道审批已经拿到""飞机已经抵达"……经过环环相扣的严密策划，在开展前一天的上午，设备终于顺利抵达场馆。

当无法承受做错的结果时，没有什么比事先准备一个详细的清单，再把控节点，逐步实施更好的了。

6）二次危机不幸降临

设备在现场开箱后，工程师火急来电，设备的核心部件"激光头"被损坏导致无法进行现场演示。这犹如晴天霹雳砸向西蒙。他感到十分沮丧："难道三天的呕心沥血，换来的居然是一台僵尸设备？"

一切又回到了原点，但是已经没有退路了，西蒙相信坚守初心就一定会成功。况且，让设备进行现场演示是公司集体的初心。

西蒙直接打电话给德国工厂，要求工厂火速安排一名工程师赶往仓库，并携带一个"激光头"搭乘最近一趟航班飞来中国。

在展会开幕当天的早上7点半，德国工程师带着"激光头"到达了展会。9点准时开展，10点客户团抵达展会现场，设备现场演示顺利。展会后，第一台设备正式被其中一家客户购买，成功进入中国市场，并带来了后续源源不断的业务。

7）步步为营地逼近目标

事后回忆起这惊魂三日，西蒙觉得自己非常幸运——幸运地拿到了德国工厂里唯一一套设备；幸运地订到了航空公司的货运舱位；幸运地说服海关开辟了绿色通道；

幸运地接来了航班没有延误的工程师。

当然，成功来源于 **99%** 的准备和 **1%** 的幸运。

换个角度讲，正是西蒙面对问题时的果决担当、清晰分析和周密部署，才让他无限地接近目标，将成功锁定为大概率事件。而这时，你只需要一点小小的运气。

小结

（1）处理异常事件，是一个人的段位体现。做最差的打算，争取最好的结果。

（2）在应急响应中如何用常态化的方法管理非常态的事件，请善用清单的力量。

（3）推荐读物：《清单革命》。

---

8. 高效开会的秘诀

> 对于健康的组织来讲，没有什么行动、
> 活动或流程比会议更关键了，也没有什么比
> 改变会议的方式更能从根本上影响组织了。
>
> ——帕特里克·兰西奥尼

我们在工作中参加过的会议不计其数。每个参加会议的人都希望会议高效，目标明确，产出有效。可现实情况是，我们常常不得不参加一些令人昏昏欲睡、产出不清、结论不明、议而不决、决而不行的会议。会议开得好不好，可以说直接反映出一个组织的运行效率。

一年前，我为一家民营金融机构服务，为机构里的员工做个人工作效能方面的能力训练。在合作的过程中我了解到，这家机构对于工作效能的高度重视，也实际体验到它雷厉风行的工作风格，以及高效率的工作成果。据这家机构的员工说，他们很少开无意义的会议，会议超时现象也极为少见。员工很少在会议上浪费时间，很

多事情不需要开会就能很快解决。他们举了一个例子，某个新金融产品的一份重要合同需要多层审批才能签约，他们晚上 8 点提交申请，经过一路审批，直至最高级别——董事长审批，一共只用了 10 个小时，也就是第二天早上 6 点员工收到了全部的审批结果。而类似的情况，同业机构通常需要 2~3 天的时间走完流程，且很可能要开会讨论才行。这样的高效风格支持着这家机构一路快速成长，成为业内异军突起的一匹黑马。

我很好奇他们如何做到如此高效，便想找客户内部的同事了解一下。几经引荐，我找到了客户总经办的负责人余明。据他说，在这家机构成立初期他便已加入这里，那时机构的发展战略就是以更快更灵活的响应来快速扩大市场份额，而余明被委任负责机构内部效能的整体提升项目。

"提升整体机构效能，我们当时就决定从提升开会效能开始。"当我和余明开聊以后，他这样对我说。

余明还说，他在加入这家机构之前在多家机构工作过，有金融类的，也有非金融类的，但是在开会这件事上，都存在一样的问题：会议多且杂，参会者心不在焉，会议超时，争论半天得不出结论，会议决议不了了之。如果要提升效能，这些问题就必须要首先解决。经过一段时间的内部观察，向外部专业顾问的请教和参考各种会议理论，余明和他的团队在内部开始逐步推动员工在会议上的改变。余明说，经过摸索，他们发现会议要开好，以下几个方面是关键：

1）明确会议目的

我们通过这次会议到底想实现什么？解决什么？每个人参加会议的目的和收益是什么？比如开例会，为什么要开例会？如果是为了了解大家本周的工作计划，那么通过邮件或微信就能解决，不必浪费那么多人的时间。如果是为了解决大家工作中的问题，那么重点要解决什么问题？如果让每个人轮流提出自己的问题，并一一讨论，往往不是超时，就是每个问题都得不到解决。

余明向我推荐了他从一本叫《该死的会议》的书里学到的一种开会方法，叫"会议六步法"。六步法中非常关键的一步，就是由参会的人共同提出应该讨论的议题，然后依据议题的重要性进行排序筛选，确定会议议程。这个方法非常适用于例会。很多例会的现状是，参会者虽然逐一汇报自己的情况，却在会议中毫无收获，会议本身也没有价值。余明把这个方法在机构内部推行，变成了工作会议中的例行方法。

2）识别正确的参会人

我们在开会的时候是否常常发现有人心不在焉，带着电脑做自己的事，频繁地接电话，和其他人私下交流别的话题？也许他们并不是真正应该参会的人。

这一点往往关联到第一点——当会议目的不明确的时候，很容易就邀请了不合适的人，或过多的人。

举个例子，一个围绕某个刚刚上市的金融产品的会议，如果会议目的是评估营销效果和客户反馈，则仅邀请营销部门同事参与即可；如果目的是评估该产品的合规风险，则风控部门和营销部门的代表都应参加。

另外，来参会的人即使是合适的人，会议组织者也需要在会前告知参会人为什么他应该来参加，会议的目的是什么，对他的重要性是什么。当参会人意识到会议和他高度相关，尤其是利益相关时，你想让他不积极参与都难。

当然，人们在开会时心不在焉的原因有很多，以下几点均与之有关联。

3）清晰有价值的会议议程

开会的时候，我们很容易将各种类型的话题放在一起讨论——既有细节问题，也有战略问题；销售主题扯到运营主题，研发主题扯到市场主题；有时候是议程本身太混搭，有时候是我们没有坚定地维护议程。

一个会议如果什么都想解决，可能什么也解决不了。因此，我们建议必须对会议有明确的分类。

每日报到会，5~10 分钟，快速说明今日的工作，即使有人缺席也必开，为了保证效率，我们建议采取站着开会的形式。

每周战术会，45~90 分钟，总结每周的活动和指标，解决策略障碍和难题。

每月战略会，2~4 个小时，在影响长期利益的关键议题上进行讨论、分析、头脑风暴和决策，通常主题限定为 1~2 个。

每季度外出总结会，1~2 天，会议中所涉及的内容有检讨战略、行业趋势、竞争格局、核心员工、团队建设等。

这些会议的议题要非常清晰，要警惕出现议题跨界蔓延的现象。比如在"会议六步法"中有一个名词叫"战略停车场"，大家提出的议题里如有战略层级的，会被立即移入战略停车场，由专人负责跟进，后续在战略会议中讨论。

4）有效的会议流程

流程不同于议程。议程是会议涉及的主题，流程是如何推进主题以达成会议目的。

我们所熟知的传统流程有轮流发言、投票、头脑风暴等。有时候我们发现用了这些方法依然无法达成会议目的，而常常出现大家不能表达真实想法、讨论达不到成效的情况，并且会议中经常议而不决，时间也会被拖延。遇到这些情况时，我建议大家去学习一下引导（Facilitation）技术，它里面包含的丰富手法能够非常有效地在既定的时间里，了解参会者的真实想法并激发大家的共识。举个例子，引导技术中最常用的一种手法叫"团队共创法"，它指的是先让所有成员独立写下自己的要点，然后将要点汇合在白板上进行分类讨论。这样的做法能更好地获得成员真正的想法，同时也避免了泛泛发言导致的超时。

千万不要通过一个会议解决所有问题，而要针对不同目的召开不同的会议。高效会议的前提就是把会议分类（Filter）。

余明分享的内容让我有了很多新的启发。同时我也很好奇，在一家几千人的机构里如何去推行这样的高效会议法呢？这应该不会是件容易的事。于是我继续问他这个问题。

余明笑着说："肯定是不容易的，但是就像爬山一样，一步步地走，总有一天会登顶的。有位顾问老师告诉我这叫'渐进式成功'，先从容易推行的开始，从试点区域开始。我后来也提炼了一些经验，凡是难度大的、以前没做过的事，开始一定不能把摊子铺大，而要从一个小的试验田开始，逐步试错。这是需要耐心的。我们刚开始推行的时候，就从我们自己管辖的部门，以及非常愿意尝试新的会议法的部门开始。开始的方法要简单，比如我们只要求所有参会人发言不超时，超过了就有人提醒并请他停止发言。一开始大家非常不习惯，但一段时间后，大家发现自己思路变得更清晰了，每次说话都更有重点了。"

改变习惯从来不是一蹴而就的，积跬步，以至千里。

说到这里，余明特别提到了时间箱（Time box）这个概念。他说这是一位会议管理方面比较专业的老师分享给他的，意思是为每个特定的事设定明确的时间界限。这位老师说如果要问高效会议的撒手锏是什么，他会强烈推荐时间箱。在开会的时候可以安排一个专门的计时员，我们称之为"表哥"或"表妹"，每一节活动都明确时间，从时间开始到时间结束，绝不拖延。当这个时间观念形成以后，参会人就能把话说到点子上，会议议程也能在既定时间内完成。有时候由于时间有限，人们会主动对议程进行排序，保证重点议程，对不优先的就删除另议。

"如果想在公司里推行高效会议法，把时间箱作为起步或许是个不错的选择，然后慢慢引入更多新观念和新方法。在大家体会到这样开会的好处后，他们就会变成高效会议法的维护者和宣传者，那时候离登顶也就不远了。"余明说道。

小结

（1）将会议分类召开，研讨主题分级，可以避免会议"乱炖"。

（2）无论是个体的改变还是组织的变革，都是一个从步步为营到步步为赢的过程。

（3）推荐读物：《该死的会议》。

9. 一封来自华为的血书

2010 年 5 月，我奉命从挪威某核心网的搬迁项目紧急奔赴华为波罗的海办事处，出任交付项目经理一职，并负责现场交付拉脱维亚 Bite 公司移动运营商的全网搬迁项目。经过在拉脱维亚当地从无到有的艰苦卓绝的交付战，历时六个月，华为如期交付该项目。我也因为此项目的成功交付而被留在华为波罗的海办事处担任办事处副主任一职，负责该办事处所辖三国（拉脱维亚、立陶宛和爱沙尼亚）的项目交付与服务的管理工作。经过在波罗的海区域拉脱维亚这一关键的首战获胜，华为在波罗的海三国内打出了项目交付实力的响亮品牌和名声。

2011 年 5 月，机会再次降临华为，华为应邀参加拉脱维亚电信集团的 IMS 核心网项目的投标。于是，一年前一起战斗过的商务经理、服务投标经理以及解决方案经理再次来到拉脱维亚办事处进行现场支持，并和拉脱维亚办事处的客户经理小蔡，还有我本人，组成了一线投标团队。

该 IMS 核心网项目的售前投标工作在有条不紊地进行着，接下来是客户组织的一场是否给予华为合同的关键商务澄清会议。我作为华为波罗的海办事处交付与服务主管兼该项目的交付项目经理，也被我方商务经理邀请参加这次重要的会议。我们团队内部经过充分的会前准备后，第二天一早就及时赶赴客户指定的会议地点等候。客户的商务经理是一位温文尔雅的女士，她请我们入座后告诉我们，今天客户的运维总监和他的顶头上司 CTO（Chief Technology Officer，首席技术官）也将参加这次会议。我们下意识觉得来者不善，今天必有一场恶战，因为客户的运维总监和他的顶头上司 CTO 都是拉脱维亚电信集团现网友商的铁杆支持者，他们极力反对首次引入华为这一网络系统供应商。

从他俩盛气凌人进入会场的那一刻，我们都有一种不祥的预感。果不其然，客户 CTO 一落座就开始大肆攻击华为，一口气足足说了 6 分钟。没等客户的商务经理开口，只见我们的商务经理立马站起来，义正词严地用英语说道："鉴于商务谈判目前所处的关键阶段，我们觉得这不是一场正常的商务谈判，我们对贵司 CTO 对华为如此偏见的言论表示深深的遗憾与强烈的愤慨。鉴于目前这种极不友好的会议气氛，华为团队单方面决定先撤出此次会议。"我起身离座时抬头看了一下表，时间刚好是开场 7 分钟，这是我参与过的最短的商务谈判会议。

士可杀不可辱，我们绝不能输了士气。因为一旦在这样的场域基调下进入商务谈判，我们华为团队必将陷入步步防御的极其被动的不利局面。

面对这次商务谈判无功而返的不利局面，我们华为团队一回到华为波罗的海办事处拉脱维亚办公室，就马上邀请华为波罗的海办事处主任老叶来复盘并商议下一步的行动方案与对策，这是典型的华为交付铁三角运作模式。

我们首先回顾了客户发起这一项目的初心与华为想成功获得这一商务合同并交付这一项目的初心。

客户的初心：客户董事会决定 2010 年实施这个优先级的项目，整合扩大现网核心网平台对各类新旧固网终端的宽带业务兼容能力，以提升新老终端用户的体验质量，增加固网宽带营业收入。

华为的初心：以华为在拉脱维亚当地的精干团队，凭借华为的整体交付实力与全球项目实践经验，为拉脱维亚这一运营商提供高性价比的服务。同时再度提升华为在波罗的海区域的交付口碑，与客户实现双赢目标。

时间窗口：根据我们在欧洲做项目的经验，客户一般会在上半年底之前完成合同签订工作，留出半年时间用于项目交付，并在圣诞节前完成项目。所以，留给客户和华为的准备时间已经非常紧张，尽快再次进入正常商务谈判程序是双方的诉求。

客户是否有别的选择：拉脱维亚电信集团正是看中了一年前华为在拉脱维亚本地电信市场 Bite 公司项目中的不俗表现，才向华为发出了投标邀请。

在瞬息万变的投标项目中，从时间视角（When）、相关方视角回归初心（What），是快速响应和决策的定盘星。

通过这一分析，我们清晰地意识到，客户 CTO 想借权势恶意阻挠华为赢取这一项目的意图并不是客户董事会对这一项目的初心，我们必须突破客户 CTO 对我们的堵截，以正常渠道向客户董事会表示华为的决心。以华为公司的名义来表决心会显得华为公司不够专业，所以我们决定以华为交付团队的名义，以华为交付铁三角的个人信用与交付铁三角的交付诚意来打动客户，即由华为波罗的海办事处交付铁三角团队成员的个人名义向客户的商务经理递交了一封按了我们四人手印的血书（见图 3.4）。

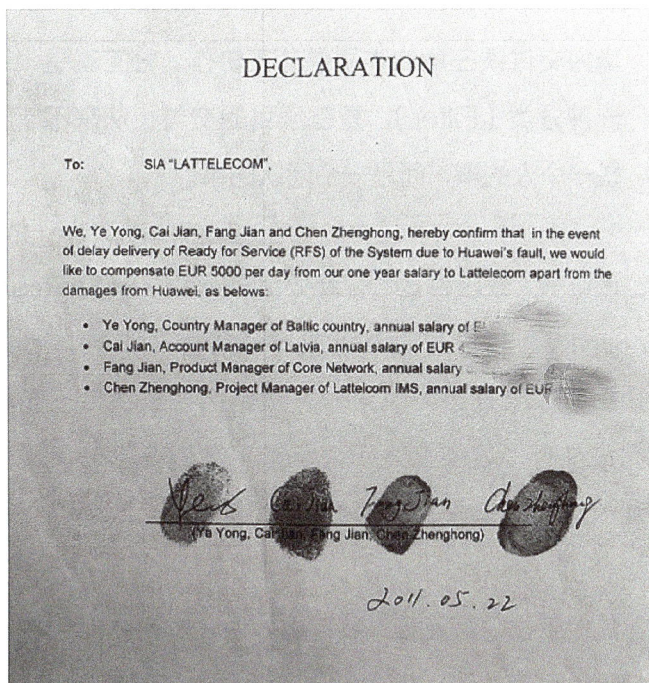

图 3.4　血书原件

我们这个项目的华为交付铁三角四人分别是：

- 华为交付铁三角之客户经理 AR：华为波罗的海办事处主任老叶、客户经理小蔡。
- 华为交付铁三角之解决方案经理 SR：解决方案经

理小方。

- 华为交付铁三角之交付经理 FR：交付项目经理
  是我。

华为交付铁三角的本质是分工协作。分工就是
一种分类（Filter）。复杂项目的交付，从来不
是一个人的事，而是一个团队的事。

该血书大致内容是：在商务合同规定的 RFS（Ready
For Service，准备开通业务或准备好服务）具体日期
到期后，如果是因为华为一方过错而导致项目不能如
期完成交付，我们上述四人承诺用我们自己一年薪水
相加的总金额来向客户偿付每天 5000 欧元的延迟交付
罚款。

其他三位同事笑着跟我打趣，说我作为 IMS 项目交
付经理，可不能让他们一年辛劳所得的薪酬因此项目延
期交付而打水漂。

在我们一线投标团队拿出这个方案后，华为商务经
理马上按升级汇报流程上报并组织电话会议向华为东北
欧地区部主管部门进行专题汇报，请地区部主管部门对
此进行决策。电话会议中地区部各业务线分别提出了各

自的专业考量，地区部交付主管也专门问了我作为项目经理对该项目交付风险的评估，我根据前期与解决方案经理就软件特性交付难度的探讨，以及自己多年在欧洲多国交付核心网项目的经验，给出了风险可控的专业预判。

会议中华为东北欧地区部相关领导专门邀请华为总部核心网产品线总裁上线。产品线总裁知情后，只说了一句掷地有声的话："前方一线将士都如此拼命了，我们产品线全力支持！"

最后，地区部领导做出如下决策：同意一线投标团队实施该方案。并定下该事件作为个例，不提倡，不鼓励，不宣传这一基调。

在我们向客户正式递交了这封血书一段时间后，客户正式邀请华为重启谈判会议，并最终把该项目的合同授予了华为。客户还追加了一个条件：我必须信守承诺，并亲自出任该项目的项目经理。

事后，客户方的商务经理告诉我们，正是华为正式提交的这份血书的真诚感动了客户，所以客户才综合考虑把客户CTO作为项目发起人的IMS核心网项目的商务合同最终授予了华为。

后来，我们优秀的 IMS 项目团队克服诸多困难，如期交付了这一项目。客户对这一项目也非常重视，派出了拉脱维亚电信集团的主项目经理与我搭档。这个项目我们双方精诚合作。不过我们也紧赶慢赶，在合同规定的最后那一天，如期拿到了客户 CTO 签署的初验证书。终不辱使命，顺利保住了我们四人的辛苦钱。

小结

（1）项目是典型的以终为始的工作场景，不忘初心，方得始终。

（2）项目不仅是一个需要高效分工的临时性任务，更需要一个有效协作的临时性团队。

（3）推荐读物：《理想团队第一课》。

9个混序故事

1. 怎样让手机里沉睡的联系人变成你的长期人脉

你的手机里有多少沉睡的联系人，偶尔联系，不算太熟，顶多称得上"泛泛之交"？早在 19 世纪 70 年代，经济社会学家就发现这类所谓的"弱链接"，比起往来密切的"强链接"，常常在转换职业、行业和城市等关键时刻会发挥更大的作用。维护弱链接重要，这很多人知道，但如何做？这是一个问题。

你知道什么不重要，你知道谁也没那么重要，谁知道你才重要！

——苏珊·若安

我的朋友 V，可谓这方面的达人。她在短短的两年内利用弱链接，在全新的城市顺利开启了新生活。

让我们来拆解一下她的路数。

1）人脉资产盘点，把联系人分类分级

管理个人的人脉资产同公司管理客户的数据库一样，在制定策略之前首先要清楚现状。你可以根据自定义标签，如圈子、行业、城市等，给联系人做分类。也可以根据自定义的优先级，把联系人分成第一梯队和第二梯队。生活中，要多关注并帮助这几类人：联结者（好似一个人脉搜索引擎，是你的间接人脉重要来源）、伙伴和外脑（各领域的专家，遇到重大疑难杂症的解决者）、朋友（心灵伙伴）。人脉圈拼的不是数量，而是关系的质量和多元化的程度。当你更清晰地看到全貌后，才能知道接下来优化的方向和重点。

V 的故事：在魔都初来乍到，她忽然意识到，身为市场总监所需要的营销圈得从头打造。而想快速拓展新人脉，捷径是去找"联结者"。所以她从微信通讯录里翻出了上海一家营销公司的负责人，这位负责人每年都会在上海组织上千人的专业营销大会，两年前他们就是通过参加活动相识的。借助负责人提供的平台，V 很快地混进了上海的营销圈。

> 分类（Filter）和分级（Focus）能够最大程度
> 上帮助我们找到行动的突破口。

2）建立有价值的关系

人脉不是你想用就能用的。人家凭什么承认他是你的人脉？在社交场合上你说了多少话拿了多少名片，没有任何意义，真正的意义在于你和多少人建立了有价值的关系。

第一步：请求见面之前，找到对他而言重要的事。拓展人脉绝不是一件急功近利的事情。一味索取是不可持续的，最有效的社交是成就他人的社交。例如，《新的游戏规则》的作者苏珊·帕卡德建议的"请求见面之前，找到对他而言重要的事"。

那么，如何知道自己能为对方提供什么价值呢？有句话是"前半夜想想别人，后半夜想想自己"。相信你能从社交媒体，如朋友圈、共同的朋友等很多渠道获得线索，并对他人表示真正的关心。不是成功了才给予，而是给予了才成功。

V 的故事：想想那位营销公司的负责人在一场专业营销大会之前他最需要什么，就不难明白，他为何会热心地向周围的市场专业人士推荐，以及引荐潜在的赞助商给 V。前提是，那家的会议质量确实不错，做个口碑推荐，是三赢的结果。

第二步：做那颗主动搅动池塘的小石头。人与人之间，只有互动起来才有意义。想让池塘里的水流动，你就要做那颗主动搅动池塘的小石头。在此，V 分享了三点心得。

（1）链接要主动。在社交场合里加了一圈的微信好友，第二天醒来都归零。在这匆忙的社会里，我们都是健忘的。因此，要想加深别人对你的印象，你就需要主动。例如，立刻跟进（如当晚就在微信上小结当晚的对话）、时不时地联系（如看到相关的行业动态就转发给对方）、当作组织者而非参与者（在一些如 TEDx、Toastmaster 的平台上当志愿者是一种好方式）。影响力大师罗伯特·西奥迪尼有一句至理名言："我们喜欢喜欢我们的人。"

（2）链接宜跨圈。六度空间理论认为："你和任何一个陌生人之间所间隔的人数不会超过六个。"这恰是弱链接能发挥奇妙作用的基底所在。与之相应，若你愿意整合并利用不同的人脉圈，弱链接就可以帮助你充分激活人脉资源。是的，是激活，而不是丢失！而且这种总想着分享自己的人脉资源或利用自己的资源带着大家一起做事的方式，比点对点维系人脉的方式要好得多。

　　V 用下面这张图（见图 4.1）来说明她的经历：刚来到上海，除了公司的人脉圈，她只是通过几个联结者进入到营销圈和 TEDx 平台。随着创建的跨圈链接越来越多，如把沙龙上认识的营销前辈、工作中认识的客户大咖引荐到 TEDx 平台做演讲者，给 TEDx 平台的小志愿者们在营销圈里找工作机会等，她发现，不仅各个圈在扩大，圈与圈之间的重叠部分也在扩大，这意味着同样花精力做一件事，辐射的人群、收获的效应在加倍。更欣喜的是，现有的圈子会引领她进入新领域的人脉圈。例如，进入教练圈就是听那位营销前辈在谈教练时所触发的。

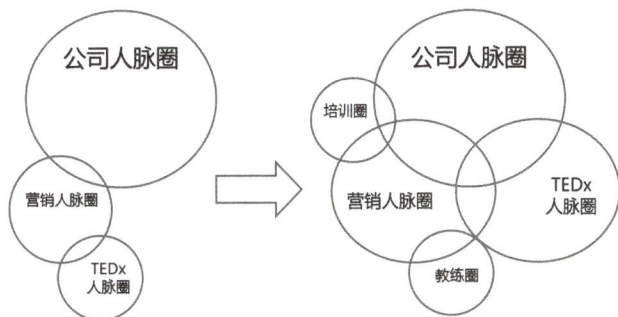

图 4.1　人脉圈的演变

把自己打造成一个联结者，你创造的链接越多，你越能成为别人人脉圈中的星星。

（3）懂得请求帮忙。请求帮忙也是创造链接的一种方式。若觉得找人帮忙不好意思，说明你还没有真正把自己放在给予者的身份上。对待人脉，相比于索取者总是想着怎么利用别人的人脉、匹配者心里反复权衡着别人和自己的付出如何对等，给予者却总是想着如何带给他人价值，并且自信地认为自己的存在对别人是有意义的。

"在向一位刚交换微信的营销前辈咨询时，第一条微信发出去时确实会有些忐忑。但是没关系，因为你真的对她所从事的教练职业感到好奇，同时你的表达也礼貌而清晰。"V接着说，"当晚，我们与教练就职场管理和个人发展做了小小的有趣探讨之后，她不仅向我们推荐了学习教练技术的培训机构，还推荐了好几本书。"这位营销前辈就是上文提到的后来被V推荐到TEDx平台作为演讲者的那位。

这就是人脉的特点——"耕耘在随时随地，而收获在无意之间。"成熟者看待彼此的价值，不急在一时一刻。

3）你是自己的人脉

两步打造你的个人品牌——推广你的个人品牌。

第一步：打造自己就等于打造人脉。人脉不是你认识的人有多少，而是有多少人认识你，关键在于认识你的人中有多少人认可你。人脉被称为资产，就是看有多少人愿意和你打交道，主动和你打交道，长期和你打交道，持续和你打交道。专心打造自己，把自己打造成一个优秀的人、有用的人、独立的人，比什么都重要。

第二步：把自己包装推广出去也至关重要，尤其当你面对弱链接时。你的手机里或许有 1000 个联系人，他们每个人其实都是一座宝库，只是你还没有机缘深度发掘而已。你作为别人手机里的 1/1000 也是同样的。所幸，这是个社交媒体的时代，每个人都可能让自己被世界听到。

细看 V 的微信朋友圈，发现她的每一段文字都精致如散文，讲述着她的见解感悟。还专门设置栏目，如"营销记""关于教练""马甲线计划""面点游戏"等，让人对她的专长和爱好清晰了然。"我写朋友圈很认真，如同打造一个线上的自己，你的差异化价值点在哪儿，你是一个什么样的人，你对世界是怎样的观察和思考。一开始我只是想表达自己，但后来发现，这让很多点头之交的朋友渐渐了解我，记住我，并主动来找我。"

我问 V 这两年开拓人脉的最大心得是什么，她笑了："来到一座陌生的城市，我只是想让生活变得丰富。找到一些有趣的人，把他们引入我的生活，我们大家的日子都变得更有意思、更精彩。"

读到 V 的初心，我恍然悟到这个命题的要诀：那些人脉达人们，很少将拓展人脉和某种"明确目标"结合起来，他们从来都把经营人脉看作生活中的一种乐趣、一种习惯。也只有这样，才能真正建立"有用的人脉"，并通过人脉给自己创造更多机遇。

小结

（1）经营人脉，不是利用，而是生活的一种乐趣、一种习惯。

（2）盘点人脉资产，把联系人分类分级（Filter & Focus），人脉关键要看关系的质量和多元化程度。

（3）建立有价值的关系，最有效的社交是成就他人的社交，形成互动效应，并做那颗主动搅动池塘的小石头。

2. 视觉表达，帮助你更好地思考与沟通

老陈 50 岁，小刘 30 岁，他们都是培训师。老陈资历最老，也最受学员欢迎，是小刘的偶像（和模仿对象）。所以，当老陈真诚地请教小刘"最近学员们对你称誉有加，是怎么做到的？"时，小刘受宠若惊。

"因为您呀！"小刘说道，"我一直想成为像您一样的语言大师，深入浅出，妙语连珠，生动有趣，让培训寓教于乐。但我很快发现，个性天赋不同，到达您的段位绝非朝夕。"小刘毫不掩饰对前辈的景仰，也很坦白自己的困境，"更让人泄气的是，我发现很多时候课堂上的热闹并没有转化成知识的沉淀，好多学员下课就忘。这让我开始反思培训的方法，去探寻有没有其他手段可以快速提升培训效果。"

"你说到点子上了！作为一名职业培训师，真正的关注点是学员懂得了多少，而非自己讲得多好。"老陈坦言，其实自己也面临着同样的挑战，现在他更好奇小刘的新发现了。

只见小刘抓过纸笔，画了下面这幅图（见图 4.2），
老陈一看就明白了！

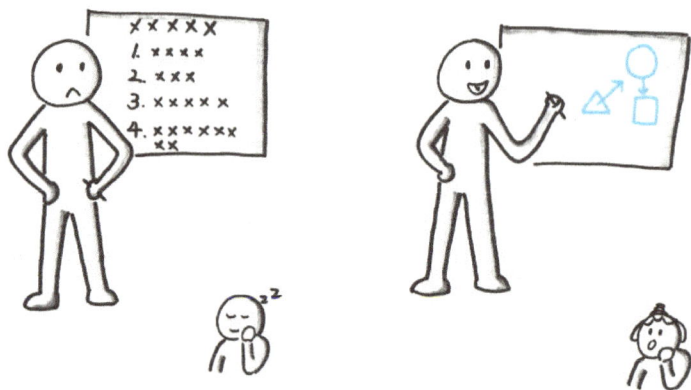

图 4.2　手绘图

"这就是我现在课堂上常用的方法——画图，或者按
目前流行的说法叫'视觉呈现'。我们生活在越来越可视
化的环境中，购物是可视化的，新闻也是可视化的。倘
若你想让听众对话题感兴趣，就需把自己变得'可视化'。
所以我想，既然如此，只要让学员更充分地理解、吸收
信息，我为何非要成为语言大师。能不能另辟蹊径，从
视觉传递上下功夫，达到事半功倍的效果。"

从信息接收者的视角，人们才会明白什么样的
表达方式是最有效的。

"确实非常神奇。您看，您也注意到了，我的学员满意度大幅提高。"小刘兴奋地同老陈分享自己的实践体会，"您会发现，可视化能开启人们的深层思考，让事物的面貌变得清晰，易于理解。一张图，能让事物在人们脑海中深深扎根，并不时以语言永远无法企及的力量唤醒人们的记忆。"

"这个我信。"永葆好奇之心的老陈紧跟培训行业趋势，最近他也注意到业内好多培训师抛弃 PPT，改成在白板上手绘。他原本以为这只是个噱头，今天一听还真有几分道理。"但这个视觉引导不容易做到吧？"他提出了很多不擅长绘画的人都担心的问题。

"也难，也不难。说它难是因为高阶的视觉引导师确实需要掌握很多技能来最大化画面的感染力，如构图、配色、文字渲染等。说它不难是因为入门简单，但凡你会画圆圈和直线就行。对于培训师而言，只要对知识要点清楚，3 分钟内就可以轻松画明白！因为可视化不是一门艺术创作，而是一种思考方式。一旦开始画，最难的部分很快就会过去。"最后这句，是小刘从一本关于视觉引导的书中看到的，经过亲自实践后他深以为然。

从第一个点开始可以衍生出很多图形，因此一旦你画下第一个点，后续的事情就会手到擒来。等你回过神，可能已经画下了各种方框、三角形、直线和箭头，而此前一直埋藏在你头脑中的想法，此时已浮现在你眼前。

老陈已然能感到大脑里被开启的力量，而且这股力量在自我驱动、自我发展下去。以他的江湖经验，视觉引导可远远不止用于培训，可是这么好的方法应该从何入手，由浅入深呢？

分类（Filter）和分步（Fix it）在最大程度上可以帮助我们把复杂问题简单化，把过度焦虑化作行动。

第一步：从基本形状着手，使手绘图画轻而易举。在你需要创作的商业图画中，90% 仅由 7 大基本形状构成（见图 4.3）：

图 4.3　7 大基本形状

点：所有线的起点。

线：所有图形的起点。

箭头：一条表示方向、影响或演变意义的线。

正方形：用四条线将四个顶点连接而成。若将对侧的两条线拉长，可变为长方形。若将对侧的两条线倾斜，可变为梯形。

三角形：用三条线将三个顶点连接而成。

圆圈：一条线首尾相连而成。将圆圈压缩，可变为椭圆形。

不规则形状：仿佛一条线在回家前到处游荡而成。

第二步：大多数物体可由基本形状巧妙地排列组合而成。

（1）把圆圈和三角形组合起来，就能创造出简单的人形（见图 4.4）。上面一个圆圈下面一个倒立的三角形是一个代表男人的图形，上面一个圆圈下面一个正立的三角形是一个代表女人的图形。想想公共洗手间门口的标牌上是否见过。

（2）把不同高度、相同宽度的长方形并排画出，再加上横、竖两个从同一点出发成 90 度角的箭头，一幅柱状图就画好了（见图 4.5）。同样，把圆圈切成几块，就成了一张饼图。

（3）将两根箭头十字交叉，再在合适的象限里放上形状，就能画出一张象限图（见图 4.6）。

（4）将若干粗大的箭头（即长方形与三角形的组合）并排放置，就成了一条时间轴（见图 4.7）。

（5）将不同形状以一定次序排列好，再用箭头将它们连接起来，就能画出一张精美的流程图（见图 4.8）。

图 4.4　简单的人形

图 4.5　柱状图

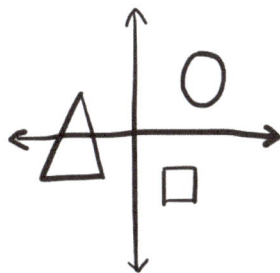

图 4.6　象限图

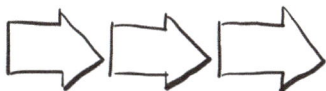

图 4.7　时间轴

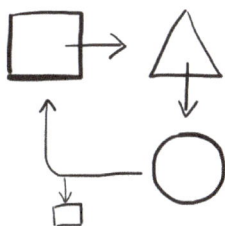

图 4.8　流程图

第三步：将图形赋予意义。这指的是用隐喻的方式以图形代表抽象的信息，将图形赋予意义。例如，你所在的公司在提倡创新，但是当有人问你"为什么要创新"这个问题时该如何解释呢？一个正方形加上一个三角形，等于一个圆圈，将图形赋予寓意，就能帮助你解答"为什么要创新"这类抽象的大问题（见图 4.9）。

图 4.9　抽象的大问题

正方形代表你当前的做事方式。你熟谙自身所处的商业领域，并且使一切尽可能趋于完善。

三角形代表变化，提醒你所处的世界处于不断的变化之中。三角形有多大，取决于你所处的商业领域有多动荡。

圆圈代表变化的对立面。若你因循守旧，未来会变得跟现在截然不同吗？还是仅会发生轻微的改变？

小刘后来告诉老陈："视觉引导不是一个艺术创作过程，而是一个思考与沟通过程。视觉能力作为一种互动的媒介，就像说话沟通一样。视觉语言其实跟口语很像，学习使用视觉语言的方法，其实跟使用口语有很多相似之处。不必再把画图和用图沟通当作一件个别或者特别的事情，反而把它看作是一种分享讨论的常规方法，你可以用它来更好地理解你们公司的组织机构和从事的工作。"

小结

（1）升维思考，事情就是如此简单。倘若你最擅长用图形阐释自己的想法，你就是赢家。因为只有当人们看见自己能理解的事物时，该事物才会在人们的脑海中深深扎根，并不时以语言永远无法企及的力量唤醒人们的记忆。

（2）降维打击，只要会画圆圈和直线，你就能在 3 分钟内把人和事情想清楚，画明白。从现在开始，让我们丢掉电脑，丢掉手机，丢掉 PPT。一支笔，一张纸，就能挣脱创意泥潭，重新体验思考的乐趣。

（3）推荐读物：《视觉引导实用手册》。

3. 自掏腰包读MBA，值得吗

我曾在外企做 IT 工作五年，后来跟朋友一起创业。创业初期，我们完全依靠技术能力接了不少业务，但急需解决的问题积累得更多。我们几个合伙人经常在深夜开电话会议，商量薪酬体系是什么，因为马上要给新来的员工发工资了；商量销售策略是什么，因为接了好多订单，快没有人交付了。那段时间每天都被各种新的问题困扰焦虑着，由于急于寻找解决这些问题的答案，便萌生了去读 MBA 的想法。

有了这个想法后，我便开始收集关于 MBA 教育方面的信息，同时思考自己为什么要去读 MBA，是否适合读 MBA，读 MBA 的投资回报如何，是否有时间读 MBA，去读哪个学校的 MBA 等许多问题。

是否适合读 MBA 以及读哪个学校的 MBA 是一个复杂场景，包括读书目的，时间，费用，未来发展，个人年龄，是否要学历、学位，以及之前的教育背景条件等。

于是，我习惯性地拿出一张 A4 纸和一支笔，在纸上写写画画，开始进行分析。

我首先在纸上写下"目标"两字，然后在其上画了个圈，并思考读 MBA 的目标是什么。这其实也是在回答关于初心的问题，也就是为什么会有读 MBA 的想法。

"收益"两个字迅速划过眼前，我赶紧在纸上将它们写了下来。回答目标的问题有时需要想清楚收益。我赶紧画了个大括号，思考着读完 MBA 会有哪几个收益。思维高速运转，我在纸上快速记录，"提高软硬技能，获得证书，获得人脉"。基于前期收集的信息，我迅速思考并总结着读完 MBA 可能带来的收益。

（1）提高软硬技能。软技能体现在可以提高领导力、沟通技能、协作技能上，这些软技能恰恰是商务人士应具备的基本技能。硬技能体现在可以学习大量商科知识，开阔视野，帮助自己理论联系实际，解决企业经营中的实际问题，获得解决问题的能力。

（2）获得证书。了解到 MBA 分为学历教育和 EDP（Executive Development Programs，高级经理人发展课程）。学历教育通常要参加国家统考，还要看是否颁发学历或者学位证书，或者两者都有。EDP 是培训性质的，重在理论联系实际，学校一般颁发结业证书。

（3）获得人脉。读过 MBA 的同学反馈在商学院获得知识和技能的过程中，同学们相互交流学到的和课堂上的一样多，从某种程度上看，甚至更多。MBA 是一个社交平台，会扩展我在商业领域的人脉，也许还能找到合伙人或投资人。

这三个收益写下来之后，我又画了一个长长的箭头，在上面标注刻度，写出第 1 年、第 3 年和第 5 年。我想评估一下时间维度，我在近期、中期和长期是否能真的获得这三个收益。

"解决工作上的问题"我写在了第 1 年的刻度上。解决问题是我近期最大的目标，解决创业过程中各种复杂的商业问题，补齐硬知识是当务之急。如果这个问题能解决，投资回报就算值了。

"拿到硕士文凭"我写在了第 5 年的刻度上。既然自己都读了 MBA，为什么不拿个文凭呢？但考虑到目前在创业、时间、精力等方面已具有挑战性，所以根本没有时间完成 MBA 统考的复习和两年时间的兼职学习。但心中还是有这个预期，于是我写在了第 5 年的刻度上。

> 用时间视角（When）描绘一下近期一定要实
> 现和远期最容易实现的两个场景，这时候预期
> 目标就会变得逐渐清晰起来。

我在第 1~5 年的中间的上方画了个圆圈，在其中写下了"学校"两个字。我在思考人脉的问题，人脉的积累对于想读 MBA 的人来说是不可回避的诉求。我有个做通信业务的同学，他在北京邮电大学读的 MBA，因为同学们大都来自通信领域，这样就可以定向扩展自己的人脉。对我来说，虽然没有特别明确的人脉人群的预期，但学校划分了人群的说法还是有一定道理的。好的学校会有好的老师，也会有很棒的同学，即使费用和门槛比较高，也是值得争取的。这时候我毫不犹豫地在"学校"两个字旁边写上了"北大"。

经过一番思考，我决定近期去北大上一个 EDP，3~5 年后根据需要参加研究生考试，进一步获得文凭，人脉在这个过程中应该是自然形成的。

我抬手在最上面的"目标"旁边写下"取得商业上的成功"，我知道自己为什么要读 MBA 了，这就是我的目标。

我需要找朋友验证一下我的想法是否切实可行。我

找到大学同学，他已经从北大 MBA 毕业，我想听听他作为"过来人"的建议。他认为我的思路很务实，同时他告诉我，MBA 学历教育学习得更多的是商业学科的硬技能，我现在急需与实战相关的指导，所以 EDP 是一个好的选择。同时，北大 EDP 和 EMBA 的很多老师是相同的，如果我觉得 EDP 好，以后可以再学一个 EMBA，从人脉的角度来说，EMBA 更好。接着，我又和公司的合伙人聊了自己的想法，大家基本认同我的思路，在工作和学习的时间方面也提了些建议。

> 大胆假设，小心求证。通过他人视角（Who）看问题，能将问题看得更全面，也能更快地接近场景的全貌。

确定方向后我开始研究如何落实。我马上联系北大了解 MBA 的招生情况，更多的是想要评估是否有逾越不了的障碍。例如，自己的教育背景，是否要参加研究生入学的 MBA 联考，费用是否可以接受等。

在现有经济水平能承担的前提下，目标能够满足，又没有跨不过去的坎儿，这样我就很容易下决心了："去北大读 EDP，而且是一年的，未来根据需要再看是否继续读 EMBA。"

接下来是实施我的想法。我找出那张 A4 纸，继续写：第一步，入学准备。第二步，学习。第三步，思考以后的打算。

我在第一步后面画了一个大括号，先写上"沟通类"，我要与学校沟通入学条件、考试形式、考试面试时间，寻找有 MBA 学习经历的同学讨教面试经验。再写"学习类"，我根据学校提供的考试要求和讨教来的面试经验，开始做复习的准备。如果参加 MBA 联考，还应该准备考研的过程，而我学习的是 EDP，学校自主出题，所以按学校的要求准备就好。继续写"时间类"，因为平时还要工作，而且非常忙，所以要协调好工作和复习的关系，同时要做好日程的规划，确保复习和入学后的学习时间是有保障的。

我拿起手机，给这张 A4 纸拍了照片！

聚焦，首先定个早赢、快赢的小目标。然后"分步（Fix it），分类（Filter）"是把目标分解落实的有效方法，切实将想法变成行动。

经过几个月的努力，我如愿就读北大 EDP。经过一

年的学习，收获良多，不仅学到了很多知识，还开阔了视野。特别是对自己创业的小公司面临的问题有了更深刻的理解，也学到了不少锦囊妙招。同学们来自五湖四海、各行各业，我了解了很多之前从未了解的行业信息，也结交了很多好朋友。

这几年，公司逐渐壮大起来。去年年中的时候，一则新闻吸引了我：EMBA 纳入教育部统考，从此可以同时颁发学历和学位证书。我想到了那张 A4 纸，赶紧翻找当年拍下来的那张照片。看着当年的笔记，回想着这几年的经历和收获，我打下了√和 ×。这几年有得有失，有的没有想象得那么理想，但也有意外的收获。这时，我的眼睛停留在了第 5 年的位置上，上面写的是"拿到硕士文凭"，好吧，下一步就是它了。

小结

（1）很多职场人士会在工作几年后选择读 MBA，继续深造，为的是助力自己寻找到一个更好的职业发展平台。但是如果不能设定一个可供衡量的收益结果，这个美好的愿望往往就会落空。

（2）拿到文凭，扩展人脉，学习知识，哪个是我们的预期收益？这直接决定了我们用何种方式完成自己的学业。

（3）对于自费深造的人来讲，投资回报是首要考虑的。有重点，有计划，才能快速实现收益结果。

4. 离开北上广，你一样可以实现自我

谁都没想到，D 会离开上海。在大家的眼里，30 岁出头的她是典型的职场精英女性——从小城市出来，一路名校名企，聪明干练，年轻有为，有梦想，有能力，很适合在上海这样的城市打拼，实现自我。

"其实，在一段异地感情触发我考虑其他城市之前，我也从没想过有一天会离开上海。"她回忆道，"但当你面对这个问题时，你很快会发现，这不是选择上海或者成都那么简单。背后的问题是你是谁，你想要什么样的生活，什么能带给你内心真正的快乐？"

真实境遇里的坚持和纠结反映在那些夜不能寐的日子里，内心的取舍改变着一个人的生活轨迹。为做出最终的选择，她认为在整段心路历程中，最关键的是她问了自己以下六个问题：

（1）北上广对你而言意味着什么？

（2）这其中哪些是真的，哪些是假的？

（3）你想要的生活是什么？

（4）在北上广与在其他城市生活有何区别?

（5）从你想要的生活出发，哪座城市更适合你?

（6）对于那些二线城市较于一线城市有差距的板块，你能做什么?

通过提问探询答案或者达成共识已经是解决问题的可行路径。列出问题清单，向自己提问，这是升维思考中将我们的意图导向结果的常用手段。

对于问题（1）（北上广对你而言意味着什么），你可以用 T 形图（见图 4.10）来分类：一座城市带给你的欢喜和忧伤。然后回答问题（2）（这其中哪些是真的，哪些是假的），一条条地去检视。此时最重要的是，忘掉我们看得太多的关于逃离还是坚守北上广的故事，关闭所有来自外界的噪声，只聆听你的内心。因为每个人的生活都是独特的。

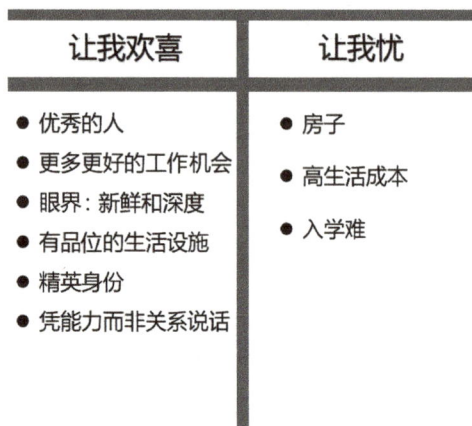

让我欢喜	让我忧
● 优秀的人 ● 更多更好的工作机会 ● 眼界：新鲜和深度 ● 有品位的生活设施 ● 精英身份 ● 凭能力而非关系说话	● 房子 ● 高生活成本 ● 入学难

图 4.10　T 形图

"例如，我曾认为像我这样做营销的，就该在北京、上海这样总部云集的地方待着才有好工作。" D 说，"直到我真正凝视'工作机会'这个词时，我意识到，世界变了，我也变了，对于一直试图从营销转型到其他业务的我来说，职业发展的机会并不只在世界 500 强企业的市场部里。"（见表 4.1）

表 4.1　D 对于问题（1）和（2）的答案

北上广对你而言意味着什么			检视真假
让我欢喜	优秀的人	y（半真）	传统意义上的人才一线城市多，但其他城市也有好圈子，人才是多元化的
	更多更好的工作机会	y（半真）	一线城市好机会绝对值大，二线城市你可挑选的机会更多
	眼界：新鲜和深度	N（假）	全球化视野下，只要具备搜寻能力，城市间的区别不大
	有品位的生活设施	N（假）	全球视野下，保持流动性即可获取，对多样化的当地特色保持开放态度
	精英身份	N（假）	这只是世俗的假设，已有这样的自信
	凭能力而非关系说话	N（假）	去任何新城市都凭实力说话，父母的关系网你可以决定不用
让我忧	房子	Y（真）	一线城市很难凭现有收入买到称心的房子
	高生活成本	Y（真）	生活节奏快，工作与生活的平衡产生矛盾，出行时间成本高
	入学难	Y（真）	户籍政策限制下的入学难，好学校更难，学费高

回答问题（3）（你想要的生活是什么）这一人生根本问题，平衡轮（见图 4.11）是一个很好的工具。它能帮你直观地看到组成生活的各个板块和彼此的关联，从

而厘清人生目标。在每个板块的半径上画刻度尺，圆心为 1 代表"很不满意"，圆周上的端点为 10 代表"非常满意"。同时，平衡轮还能检视人生板块的满意度和改进的方向。

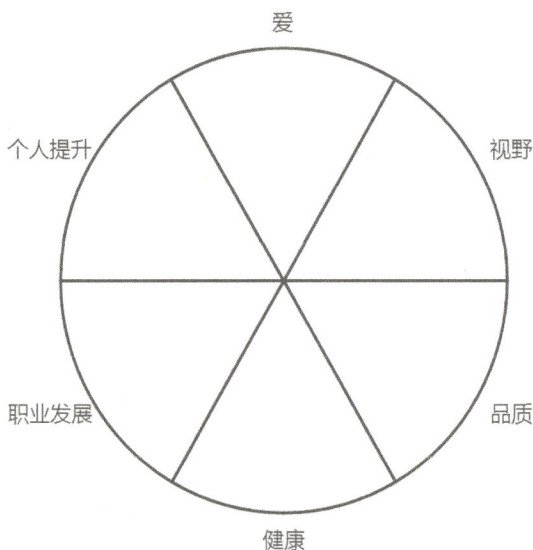

图 4.11　D 对于问题（3）的答案

当 D 把对她而言重要的人生六大板块分别置于"上海"和"成都"两个城市的情境下去做评估时 [回答问题（4），在北上广与在其他城市生活有何区别]，她察觉到在"成都"（见图 4.12）人生平衡轮的整体满意度是较高的 [回答问题（5），从你想要的生活出发，哪座城市

更适合你]，尤其在 "爱"（因为能结束异地生活，和爱人、孩子等重要的人在一起）和 "品质"（因为成都的住房、教育、出行时间等各方面成本更低）两个板块较 "上海" 的对应板块有显著提高（分别从 6 分到 9 分，从 6 分到 8 分），如图 4.12 所示。

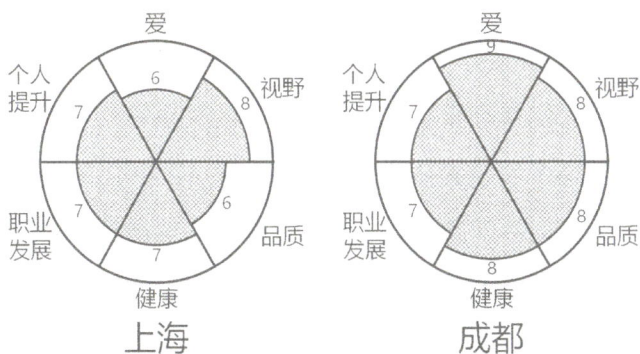

图 4.12　D 对于问题（4）和（5）的答案

"细想一下，确实如此。当你买不起房，供不起孩子上学，这些最基本的需求得不到满足时，你会时时生活在焦虑中。这让所谓视野、职业发展、个人提升等上层需求都显得缥缈而虚弱。"D 说，"大城之下，冷暖自知。只有从生存的焦虑中抽离开，才能感受得到简朴而丰富的生命本身。"

让她意外的另一个觉察是，本以为去成都后会受很大冲击的"视野""职业发展""个人提升"等板块，满意度变化竟然不大。"当然，它们的内涵在两座城市间是不一样的。"她指出，"在做完 T 形图和平衡轮两个练习后，当你把一座城市提供的价值，与你想要的生活去做连接时，你就知道如何去调整实现了。"

很多人认为，要么选择北上广的职场自我实现，要么选择小城市的安暖日子，它们是"非此即彼"的关系。但是，它们有可能是"兼而有之"的关系吗？至少，你要朝着这个命题去开启你的思维！表 4.2 中 D 的做法供你参考［回答问题（6），对于那些二线城市较于一线城市有差距的板块，你能做什么］。

表 4.2　D 对于问题（6）的做法

北上广对你而言意味着什么		生活板块	在成都如何实现
让我欢喜	优秀的人	个人提升	选工作时，该平台上接触到的人很重要，找到当地的好圈子，更主动地保持与原有圈子的沟通
	更多更好的工作机会	职业发展	虽然整体机会小，但能让你选择的多了，多搜寻比较，要适应当地的企业风格和文化
	眼界：新鲜和深度	视野	工作环境中的人很重要，不只通过人，也要通过网络与世界保持联系，有更多时间去旅行，了解更多元化的生活
	有品位的生活设施	品质	保持流动性即可获取，体察多样化的当地特色

北上广对你而言 意味着什么		生活板块	在成都如何实现
让我欢喜	精英身份	个人提升	提升自我认知
	凭能力而非关系说话	职业发展	去任何新城市都凭实力说话，但要适应不同的企业风格和当地文化
让我忧	房子	品质	在成都买房很容易实现
	高生活成本	品质	尤其是时间成本减少，可更好照顾家庭
	入学难	品质	在成都找一所好学校可以实现

D 选择了离开上海，我们相信她能在实现自我的道路上继续走得踏实而有力。

使用结构化工具，帮助我们进行分级（Focus）和分类（Filter）。

做出何种选择不重要，重要的是你如何做出选择。你清楚自己想要什么样的生活吗？在北上广生活，是自主的选择还是随大流的选择？在你掌控的范围内，你如何创造出更好的生活？

《傲骨贤妻》里的女主角 Alicia 说："我想要幸福的生活，但我更想掌控自己的命运。"人生是一场起起伏伏高山流水的行走，那些令人羡慕的幸福生活，不是一种际遇，而是一种能力。我们可以不离开北上广，但我们保有离开的权力！我们可以不回归北上广，但我们保有回来的能力！

小结

（1）要不要离开北上广？拆解一下自己的场景吧！

（2）问题背后的问题：

★ 考虑选择城市的背后，是思考你想要什么样的生活。

★ 离开北上广与自我实现，不一定非此即彼，想想如何兼而有之。

★ 人生的际遇莫测，最重要的是保有你做出选择的能力。

（3）使用结构化工具可以有效辅助决策。

5. 职场妈妈的最后救赎

在有自己的孩子之前，莉莉是一个干练的公司财务。10 年前她生下儿子，从此开始了作为母亲的人生旅程。由于父母公婆年事已高，莉莉决心亲自带大儿子。因为婴儿需要全天候的照顾，她打消了继续上班的念头，把时间和精力都拿来照顾儿子。

这样的日子持续了一年多。身体的疲惫不堪使莉莉感到自己完全生活在另一个世界里。这个世界很小，就在自己家的房间里和小区的楼下，由小宝贝们和一群阿姨保姆大爷大妈组成。在这个世界里没有娱乐和空闲，每天累得精疲力竭，却看不到做了什么。那时她意识到，全职妈妈是一个回报很少的工作，尤其是孩子还小的时候。有一天，莉莉蓬头垢面带着儿子在楼下晒太阳，一个保姆模样的人过来打探她一个月挣多少钱。她委屈地回了一句："一分钱也没有。"此刻，这位疲惫不堪、困惑不已的妈妈，甚至有些怀疑人生了。

受了刺激的莉莉决定必须做些什么来找回往日的自

信和成就感。在先生的理解和支持下，她请了一位住家的育儿阿姨。为了走出困顿的封闭世界，她投简历，联系旧交。虽然颇有波折，但还是找到了一份新的工作并很快开始上班。开工的第一天，莉莉几乎是雀跃的，她终于可以拥抱外面的世界了。然而对儿子的想念，担心和内疚感却从此时刻折磨着她，她质疑自己这样的决定是否太残忍，太自私。为了儿子能在清晨醒来时看到妈妈，她选择最晚的航班，经常半夜还在机场等飞机。最害怕阿姨打电话，即使在开会也不敢不接，因为接到的坏消息不是儿子生病了就是摔破了头要去看医生。莉莉在工作和家庭之间疲于应付，因为是自己的选择，而先生也同样是大忙人，她只能自己咬牙把一切扛下来。

回首那段身心俱疲的经历，莉莉觉得出现问题的原因是她不甘放弃、追求平衡和两全。一边是孩子成长的每一步：说的第一句话，走的第一步，第一天上幼儿园，都不愿错过；另一边是不甘心脱离给自己带来安全感和成就感的职场，拼命工作努力证明自己。而要做到面面俱到，时间和精力显然是不够用的。

六年前，莉莉又怀孕了。这次她已经想明白，一定要做出取舍。莉莉将女儿生下来后，决定在她人生最初的几年陪她长大。一旦不再纠结矛盾，就可以安下心来陪着小家伙慢慢成长。虽然已经知道迎接她的是什么，但这是自己的选择。虽然也偶尔为自己每天要面对的琐碎事情心生厌倦，看到要好的朋友在职场叱咤风云心中掠过一丝羡慕和悔意，但她清楚这是生活的常态。每个人都会有得到，有失去。

> 一旦采用升维思考的方法想明白本阶段最重
> 要的目标和约束条件，有所为、有所不为的
> 断舍离就变成了主动的选择，而不是随隔壁
> 家的盲从。

现在，莉莉的女儿也快上小学了。时不时地担心还会有，但基本的日常生活已经可以放手了。莉莉有了不少闲暇的时间，她是一个闲不住的人，很快又有了新的工作。她尽量少出差，也很少加班。她渐渐重拾工作的乐趣，但并不会被工作推着走，而是找到了一个合适的节奏。

莉莉只是千千万万努力寻找生活与工作之间平衡的妈妈中的一位。其实，没人能做到完全平衡，一个小小的因素就能把所谓的平衡彻底打破。妈妈们最后的救赎

是懂得取舍。实现自我价值有很多种方式：有的妈妈看着自己养育的儿女长大成人，就是她们最大的成就；有的妈妈要在自己的事业中实现自我；有的妈妈努力在奉献家庭和实现自我之间寻找妥协，并最终找到。这些都是很赞的妈妈。

小结

（1）生活与工作的平衡永远都是一个结果而不是策略，不要求自己做完美的妈妈，再强悍的职业女性也会在孩子生病的时候心慌意乱无心工作，再无私的妈妈也会有那么一刻要逃离的念头。

（2）无论做出怎样的选择，都要尽量取得周围人的支持，包括老公、可以偶尔来帮忙的父母公婆、上司或者工作伙伴、几个知己朋友以及可靠的保姆阿姨。在请保姆阿姨方面不仅不要尝试省钱，而且要比别人更大方一些。

（3）有目标，有办法并坚持下去才是职场妈妈的秘籍。

6. 孩子的未知潜能是如何被激发出来的

2012 年，我的儿子天翼采访了马布里（见图 4.13）。

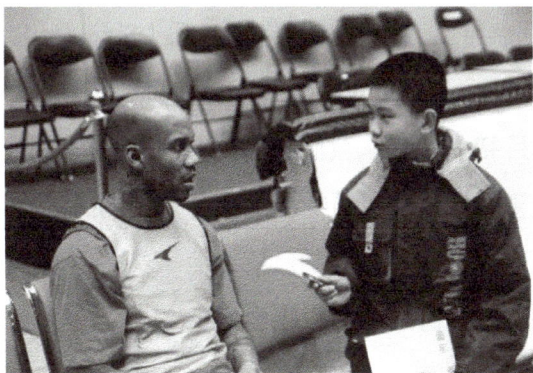

图 4.13　采访马布里

那时他上初二，刚加入北京中学生的记者组织"学通社"。作为小球迷的他在第一次组织的采访行动中，瞄准了北京本地篮球队"首钢男篮"。

真正采访球队是过年时的事了。在所有为提前预约所做出的努力都被告知失败的情况下，正月初三天翼和同伴"突袭"了训练场。没想到，全队都表现得十分亲和，天翼和同伴在场边观看训练课，还采访了主教练和几名主要球员。唯一遗憾的是，没有想到马布里已经从纽约家中归队，天翼没有做好英文采访的准备，从而错失了与偶像面对面沟通的机会。

天翼决定再试一次。正月初五，我们通过微博向马布里发出了采访申请。40分钟后，我们惊喜地看到了马布里的回复，内容非常简短："当然可以，我会接受采访，明天10点早上开始训练，你们来吧（Sure，tell them to come tomorrow and I will do it. Practice at 10 am）。"

正月初六上午，我陪天翼早早地来到首钢篮球馆。等球队训练结束，天翼快步跑到马布里的身边。虽然有预约，而且正月初三下午已见过他一次，但这毕竟是天翼第一次采访国际巨星，还要用英文，所以他还是很紧张。马布里就像见了老朋友一样，很高兴地叫天翼过去，拍了拍身边的椅子示意天翼紧挨着他坐下。他的友好态度让天翼的紧张情绪缓和了许多。但是新记者依然有点手忙脚乱，以至于第一个问题问完，才发现事先准备的录音笔并没有开始工作，并且本来很熟悉的单词说了三遍才找到正确的发音让马布里听懂。

估计马布里看出了天翼的紧张，在随后的谈话过程中，他开始有意放慢语速，并且尽量使用简单的词汇和天翼交流，试图让天翼明白他的意思。马布里的语速比我们在电视里听到的要慢很多，发音也清晰很多。渐渐地，天翼放松了下来，举着录音笔的手不再颤抖，双腿不再紧绷，提问时也不再那么生硬和磕磕巴巴，甚至即兴问了马布里几个之前没有想到的问题。采访由一个胆怯的学生记者提问体育明星，变成了两个平常人之间的交流，这让人感慨北京球迷给马布里起外号"马政委"真不是白叫的。更让天翼兴奋的是，采访结束的时候，马布里还夸奖他说："干得很棒！"天翼甚至还向马布里交换了手机号码以便后续联系。

这次采访成了学通社那几年最成功的一次体育明星采访。作为入社不到半年的菜鸟，天翼在学通社没有提供任何资源的情况下，只凭自己和小团队的执着和努力完成了这次采访，天翼也一下子在学通社成为一个新闻人物。

更重要的是，这次成功的经验，让他对于任何他认为值得做的事情都有着十足的动力和信心去设法完成。

而我现在想告诉你们的是成功背后的故事——在正月初五那天晚上发生了什么。

马布里的应允固然让人兴奋，但天翼有限的英文水平如何驾驭这次采访呢？而且只有一个晚上的准备时间，狂喜之后，天翼很快焦虑起来。

察觉到这一点，我低下身，看着天翼的眼睛，指着身后墙上的学通社海报——"没有人知道你会变得多么好。"我提醒他："还记得这句学通社的座右铭吗？我能体会你现在的紧张，这个机会千载难逢却也困难重重。但现在时间有限，与其担忧明天的结果，不如抓紧时间尽量准备。明天只要能在马布里面前开口提问，你是不是就突破了自己之前以为的极限？去挑战自己，看看自己到底能做到什么程度！"看到天翼的眼神镇定下来，我知道我们达成了共识，于是便一同开始准备。

> 和陌生人说话对于成年人来说都是一个挑战，更何况对于孩子。先给自己定个小目标——开口提问。

首先，我们分析了采访的成功标准。以天翼当时的英文水平是无法实现即时的自如沟通的，但是根据已经准备好的问题清单，是能让对方听懂的。采访的主要挑战在于英文听力，这不是一时半会儿的练习就能提升改善的。于是，根据实际情境，我们调整了预期，只要天翼能顺利用英文提出问题，让马布里听懂，回答的内容和事后的整理都交给录音笔处理。这样一来，天翼终于对完成这次采访有了信心！

接着，我们把采访过程分解为前、中、后三个阶段，聚焦解决各阶段最集中的挑战。核心的采访阶段需要他在有限的时间内独立完成。我给他的建议是，清晰准确地提出准备好的问题，当马布里回答的时候，尽量去理解，不理解也不用着急，有录音笔帮忙可以后续再听，等马布里停止回答后，接着提下一个问题。因此，一张思虑成熟的采访问题清单，就是采访前准备的关键。于是那个晚上，天翼用两个小时写出了六七个他想问的英文问题，并反复诵读以熟悉起来，我则花了一些时间帮他纠正语法并完善措辞。

帮助孩子养成分级（Focus）、分类（Filter）和分步（Fix it）的思考习惯，会让他受益终身。

那晚准备的效果，大家都已知道了——开始时他仍免不了紧张和结巴，甚至忘了开录音笔，但这不正是自我突破的可爱的开端吗？

这些年，想起天翼成长中的这个小小里程碑，我常常会思考父母在其中的作用。不少时候，孩子需要你在他们感到怀疑时吹旺他们梦想的小火苗，在茫然无措时给予他们必要的指点。但我庆幸，自己当年没有大包大揽地帮他写问题，也没在采访时"好心地"陪同。我选择站在场边，默默注视着他。孩子的人生是独立的，他有权选择自己的路径，也有权去探索，试错和体验失败。在这个过程中，主角不是父母，而是孩子自己。

时光飞逝，转眼八年过去了，天翼已经完成了大学学业，开始了他作为"自然观赏导师"的职业生涯——指导小朋友观赏城市和荒野的野生动物。显然天翼已经很少回想当年那个勇闯首钢篮球馆的初中生，因为在那之后的几年里，从远赴大洋彼岸求学，到每年暑假留在国外从事保护野生动物志愿者工作，再到毕业后选择"自然观赏导师"这个职业，在把自己儿时的爱好逐步转变成职业的过程中，他所面对的艰辛、困难和挑战，远远超过当年开口向自己的偶像提出问题。但是，分级（Focus），分步（Filter），分类（Fix it）的心法多次帮助他在面对困难时勇敢行动。

而作为旁观者，我看到的是一个少年逐步寻找自己价值和目标的过程。中学期间在学通社的采访和撰稿工作给他带来的不仅仅是文字的积累和能力的提升，更重要的是比同龄人更早地接触校外的世界，和更多样化的人群接触。相信这段经历还会继续对他今后的人生产生影响。

小结

（1）青少年的潜能有多大，没有人能确切估量。孩子的成长过程就是一个敏捷迭代的过程，面对压力时要自定义成功的标准，敢于尝试，允许犯错。

（2）父母在孩子的成长中更多地担当了教练的角色，引导并激发孩子的未知潜能。

（3）推荐读物：《高效能人士的七个习惯》。

7. 一个小小创业者的复盘

还记得 2013 年结束第一次创业后的很长一段时间，自己都不愿回想那段经历，认为过去的就过去了，自己应该瞄准未来。那时如果有人问起我创业时的事情，我都会尽快结束这个话题，即便那个人是我的太太。

直到三年后，当自己再一次站在一个新的创业机会面前踌躇之时，才突然明白，好好回首剖析一下那段经历，才是让自己做出正确选择的关键。

创业已经逐步成为全球风潮，撼动着"终身职业"长久以来非常稳固的地位。创业不只是锐意勃发的年轻人的专利，对他们而言，"创业公司创始人"或许只是他们职业生涯中担任的无数职业角色之一。创业同样适用于职场中人。在今天这个激荡变化的年代，职场中人也希望利用个人关系和经验来探索新的发展机遇。

创业在今天已然成为一个大众话题，但对每个人来说，即使是同一个人的不同创业项目，创业的经历和体验也是个性化的。

创业无论大小，绝对是一个典型的复杂场景，它涉及家庭、事业、伙伴等众多利益相关方，而且需求各不相同。

"当局者迷，旁观者清。"为了不让自己"迷"，我选择分别与两个人仔细聊聊我的第一次创业经历以及新的创业机会。一位是我的太太，另一位是我的好友——曾经的创业伙伴、良师益友。

（1）创业不是一个人的事，而是一个家庭的事。这是我和我太太共同得出的结论。除了动用家里的真金白银，如果不是 2009 年太太用自己的实际行动从北京调到上海工作支持我在上海的创业项目，可能用不了几个月我就放弃了。因为两地生活带给一个家庭的挑战只会比自己预想的更大。"你希望我们家通过这次创业得到什么？"是我们两人在讨论新创业机会时的核心问题。得不到家人，特别是人生另一半的支持，创业这件事基本就朝着不靠谱的方向前进了。

创业最重要的利益相关方是家庭成员。在没有达成共识的情况下就启动创业，多数的结果就是加剧家庭矛盾甚至家庭关系破裂。与家庭核心成员充分沟通，对可衡量的阶段目标和时间表达成共识是关键。

（2）给自己的创业设定时间目标，定期总结，随时结束。当我和好友酣畅淋漓地聊了一整天后，这一点让我清楚了该如何面对新的创业机会。与一群志同道合的人，做一件自己喜欢的事，同时还可以赚到钱。无论创业是什么，它对我来说都应该加上一个时间，半年后是什么样子，一年后是什么样子，三年后又是什么样子。有人说："不下牌桌，自己永远都不知道是输是赢。"我倒觉得，应该不断给自己设定阶段性目标，定期总结现状和目标的差异，决定自己是否还要继续，如何继续。也就是说，创业要随时准备下牌桌。因为创业这件事，失败是常态。想清楚了这一点，对于自己的第一次创业经历，我有了更多的释然，感恩甚至欣赏。

（3）创业成功自定义。如何评价创业成功与否？这可能是创业中最难回答的问题，却是最应该回答的问题。天使投资？A轮？B轮？不，我知道这不是评价普通人创业的共性标准。我们不能活在别人的评价里，有时连我们自己都不知道自己究竟要什么，更何况是他人。因此，即便评价创业成功与否的标准各不相同，但相同的是成功是由自己定义的。那么，如何评价我的第一次创业经历呢？当上帝为你关上一扇门的同时，也会为你打开一扇窗。随着时间的推移，我的答案在彼时和此时也不尽相同。自己的经验积累、人脉扩展、能力提升等可以让我在今天更加从容地面对新机会。每当我太太接到上海的房产中介询问是否有意出售房产的电话时，她总会对我说："如果没有在上海的创业经历，我们可能根本就不会想到在那里买房。"

这几年，复盘在各个圈内都备受推崇，特别是创业圈。复盘的目的是面向未来，让自己能够在下一次做得更好。对自己的第一次创业经历进行复盘是为了让我在面对新的创业机会时，可以做出正确的选择。

创业是一个特别典型的分步（Fix it）迭代过程：学习、行动、反思。与其说创业失败，不如说是一个持续的经验教训积累过程。几乎没有人第一次创业就顺利成功。降维聚焦，用最小的代价交付对客户最有价值的可行产品是轻量级创业的成功之路。

当我决定作为职业讲师和顾问开始拓展自己的事业时，在与志同道合的合作伙伴达成了收益协同的共识以及阶段性的发展目标时，我该从哪里开始自己的业务？越来越多的经历告诉我，没有什么比从熟悉你的人那里开始更好的了。

小结

（1）创业的人生在于体验和感悟，且行且复盘。

（2）复盘的四步骤：

★ 回顾目标——当初的目的或者期望是什么。

★ 评估结果——和原定目标相比有哪些亮点和不足。

★ 分析原因——事情成功和失败的根本原因，包括主观和客观两方面。

★ 总结经验——需要实施哪些新举措，需要继续哪些措施，需要叫停哪些项目。

（3）推荐读物：《精益创业》。

8. 人到中年，还可以

　　35 岁那年我很纠结，纠结于自己的年纪已经不再年轻，纠结于所做的工作很多都是无价值的重复，更纠结于频繁地出差难以顾及家人。每周日晚上出发飞到客户所在城市，周五赶晚班的飞机回家，对各大机场的熟悉程度明显高于家门口的商场。无论是培训还是咨询项目，都是曾经讲过，做过的。每次课堂互动，在学员给出看似很随机的答案时，我早已先知先觉地投在了屏幕上，下面的学员都惊呼："老师你怎么猜到我想说的话？"是啊，连笑话段子都是讲了 N 多遍的，我有什么猜不到的呢？我渴望探索更有价值的产品给客户，渴望去尝试新的领域，渴望做不一样的事情。但是公司每年都有预算目标，拓展新领域与保持现有增长都很重要，没人能保证新领域就一定会有结果。这对矛盾摆在公司面前，也摆在了我个人面前。

　　面对这样的矛盾，有两条路可以选择。一条是在公司内部拓展，公司给我降低一些指标，让我有精力去拓展新领域，这当然是最好的选择。可公司每年的增长指标摆在那，降低我的指标，就意味着要有别人帮我扛，在自己的指标都要很努力完成的情况下，能指望谁帮我分担呢？况且没人能保证新领域就一定会有结果。另一条路就是干脆自己直接换赛道，离开公司做一个自由职业者。

如果年轻 10 岁，我可以很轻松地做出选择与改变，但是 35 岁的我上有老、下有小，内有家眷、外有贷款，这些牵绊都限制着我的选择。看到我整天闷闷不乐，妻子问我是不是有心事。我说了我的担忧和想法，她听后思考片刻，最后说的这段话让我至今难忘："要是能让你变得快乐，我就支持你的决定，你想好了就行，给你三年时间去尝试，能成更好，成不了也就死心了。即使 3~5 个月没收入，家里我一个人的收入也能够开销。"

> 自由职业者本身就是一个独立的"企业家"，与最重要的相关方——家人达成一致，是选择自由职业的前提和基础。

事情关乎整个家庭，必须认真权衡。因此，我问了自己三个有关"What"的问题。

　　首先问 What，自己面临的问题是什么。初入职场的时候觉得自己的表达能力好，能成为一名职业讲师。站在那里滔滔不绝，妙语连珠地讲授知识是自己的梦想。讲什么不重要，享受那种讲课的过程很重要。但是，当我真正成为一名讲师时才发现这并不是我想要的。为了更高的课程评分而讲着重复的课程与段子，却看不到学员行为的实际改变，更看不到对客户绩效的明显改变，我开始怀疑自己工作的价值。我是一个关注自身价值的人，希望通过为别人创造价值来实现自身价值，而我错把讲课时学员的积极反馈和价值画上了等号。我在帮助他人获得成就时最快乐，这是一名团队教练的工作，也许这才是我的初心。因此，我需要开拓新的领域，延伸自己的职业生涯。在现有公司环境不允许的情况下，只能从做一个自由职业者开始。

　　然后问 So What，这意味着自己出去做最好的结果是什么，最坏的结果是什么，眼前的直接影响是什么？最好的结果当然是顺利实现转型，养活自己，如果能成功地开一家咨询公司就更好了。最坏的结果是这段时间没有任何收入并转型失败，再灰头土脸地回到老东家上班，毕竟之前"二进宫"的同事也不在少数。眼前对我的直接影响是不再有每个月的稳定收入，开始"靠天吃饭"。

最后问 Now What，现在需要干什么？首先，我之前在老东家积攒了很好的口碑，因此可以签订一份外包协议作为外部资源，继续为老东家交付一些项目，从而保证一些基本收入。这种双向选择虽然不稳定，但是有更强的自主性，可以留给自己更多的时间在自己想做的事情上。其次，我过往在行业内有一些人脉，因此可以拓展除老东家以外的合作渠道，广撒网，主要以新领域、新产品的合作为主。最后，拓展行业外的渠道，结识新领域内的大咖。

通过问自己三个关于"What"的问题，其实是在不断发掘和聚焦问题背后的问题，把自己的初心逐渐梳理成为明确的预期结果和实现路径。

我把这些想法和妻子以及一些我认为有很强独立思考能力的朋友交流，他们都很支持我。既然都想清楚了，那就不用再犹豫了，递交辞职申请。

经过了不到三年的时间，我完成了转型，进入了一家头部互联网公司做团队领导力教练，在一个十几万人的公司内观察，实践和萃炼我的理论和方法。回忆这段转型经历，记忆中有充满成就的瞬间，也有失败沮丧的回忆，但是此刻我都不太想提起，唯有一段对话让我记忆深刻。一次在机场见到前同事，前同事感慨地说："我也想转型，但因为这个年纪了，家庭负担比较重，只能在这个行业的不同公司里跳来跳去，不敢像你这样辞职做自由职业者。"是啊，到了这个年纪，褪去了年少的锐气，但还保留着许多好奇与不甘心，这个时候做决定靠的不是初生牛犊不怕虎的猛劲，靠的是基于阅历和认知对复杂事物的判断力。有了对复杂事物的判断力，你依然可以有很多选择。

人到中年不一定要泡枸杞，人到中年也不一定就油腻。我要说的是，人到中年，还可以有追求，有选择，有改变！

小结

（1）如果希望改变，中年职场人在能选择的时候就要做出选择，而不是等到无路可选。中年职场人在谋求改变的时候，思考的出发点大多是家庭，而不仅是自己，家庭是一个自由职业者最小的阿米巴。

（2）从公司内部讲师到自由职业者，再到互联网头部公司的团队教练，作者用自己的真实经历为很多中年职场人士展现了多种可能，而这一切的关键在于自己的想法和规划。

（3）推荐读物：《远见》。

9. 虚拟工作第一课

2019 年我们几位老师共同翻译了全球虚拟团队工作领域的知名专家彭妮·普兰博士的著作《虚拟团队领导力》。

受国内著名的项目管理专业期刊《项目管理评论》的邀请，2021 年 1 月 14 日晚上就"如何让虚拟团队高效工作"这个主题，我们面向万千读者做了一次直播微课。以下内容，就是这次直播的问答实录。

问题一：如何看待虚拟工作的大趋势？

回答：虚拟工作已经成为一种常态化的工作方式。一方面，随着临时性任务的不断增加，持续增大的人力成本压力使组织对弹性用工的诉求日益高涨。另一方面，受益于网络设施和远程技术手段的日新月异，虚拟工作的自然涌现愈发明显。稍稍留心我们就会发现：在职场中，临时性的项目、虚拟化的团队已经成为越来越多的常态场景。

虚拟工作甚至打破了传统的工作与生活的界限，逐渐成为越来越多人的工作生活混序状态。

而 2020 年全球新冠疫情的暴发又大大加速了虚拟工作方式大趋势的演进。

时机就是一切，而一切又都是时机。因为这个特殊的时期，使虚拟工作的话题变得如此引人关注。

问题二：比较而言，虚拟团队与面对面工作的团队有何异同？

回答：首先，不同于面对面在一起工作，虚拟团队成员分散于不同地点，在远程完成工作。因此，虚拟工作方式最显著的优势是高度的灵活性。

同时，虚拟团队与面对面工作的团队同样需要具备以下两个基本属性：

（1）任务属性，即团队需要完成的具体任务，如项目目标。团队成员需要拥有成就感。

（2）社交属性，即影响团队成员作为一个组织单元在一起工作的社交因素，如情感、情绪、被欣赏和感激等。团队成员需要拥有幸福感。

问题三：虚拟团队的领导者该如何管理虚拟工作？

回答：可以想象，在虚拟团队工作高度灵活的情境中，如何更好地体现任务属性和社交属性，从而同样有效地推进团队目标的达成，虚拟团队的领导者和工作者面对的挑战远高于面对面的工作方式。

管理虚拟工作极具场景化，要回答"如何做"的问题，首先需要拆解虚拟工作的场景，化繁为简，在各个典型场景中，找到关键抓手。我们通过下面这个"时间＆空间"2×2矩阵（见图4.14）可以将虚拟团队的工作拆解为四个场景。

| 相同时间，不同空间 同步工作 第二象限 | 不同时间，不同空间 异步工作 第一象限 |
| 相同时间，相同空间 少有的面对面在一起 第三象限 | 不同时间，相同空间 需要绩效支持 第四象限 |

图 4.14 虚拟工作场景拆解的"时间＆空间"2×2矩阵

复杂问题，通过分类（Filter）的方式进行简化，

> 2×2 矩阵是常用工具，咨询行业中流传着这样
> 一句话："一个咨询顾问一辈子就靠一个 2×2
> 矩阵吃饭，如果不是一个，那就是两个。"

第一和第二象限的场景是虚拟团队最典型的工作场景。

第一象限:不同时间,不同空间的虚拟团队异步工作。这是占虚拟团队时间比例最大的工作场景。在这个场景中，从团队的社交属性出发，如何使虚拟团队成员保持全力投入的高能量状态而不游离，点亮和点燃虚拟团队成员是关键。

第二象限：相同时间，不同空间的虚拟团队同步工作。它的典型场景是在线会议，与传统的面对面会议相比，在线会议更容易变成单项沟通的独角戏。从团队的任务属性出发，如何让在线会议成为驱动虚拟团队高效工作的宝贵抓手，让虚拟团队成员从同屏到同频才是关键，而不是流于形式。

此外，虚拟团队的领导者也不能忽视下面两个场景中的问题。

第三象限：相同时间，相同空间。是否需要为虚拟团队创造面对面的机会，改善团队的社交属性，为虚拟

工作提供助力是虚拟团队的领导者需要考虑的问题。在这个场景中，创造机会促进"人在一起，心在一起"是关键。

　　第四象限：不同时间，相同空间。在这个场景中创造"基地"是关键，虚拟团队的领导者需要考虑有哪些技术手段（如共享看板、虚拟或实体的 War Room 等）能为虚拟工作提供这方面的绩效支持。

　　如何具体管理虚拟团队和虚拟工作，从来都没有标准答案，而是基于自己所处的场景和角色，通过自己的实践得来结论。

　　问题四：关于虚拟团队和虚拟工作，有没有一些可以学习的课程？

　　2020 年 10 月，伴随着《虚拟团队领导力》一书的出版，我们发布了自主版权课程 ——《虚拟工作第一课》。

　　这个课程为需要在虚拟工作场景下达成绩效的团队提供支持，针对虚拟工作场景的特点，对任务属性和社交属性两方面进行加强，提供各种新的工具和思路，助力虚拟工作的高效能。

　　这个课程的内容（见表 4.3）重在帮助虚拟团队的领导者和工作者回归虚拟工作的同步／异步工作场景，突破难点。

表 4.3 《虚拟工作第一课》内容

模块 A：同屏——线上会议怎么开	模块 B：点亮——虚拟团队成员归属感 & 信任度的加速器
（1）自然涌现的虚拟工作大趋势和现实挑战	（1）虚拟工作和面对面工作的异同
（2）虚拟工作最重要的同步场景：线上会议	（2）虚拟工作的常见痛点：时差、语言、文化、代际等
（3）线上会议的两大典型挑战：低参与度和低效率	（3）抓住牛鼻子：成员的归属感和信任度
（4）线上会议的 N 大痛点及其对策	（4）从相识、相知、相信到相伴：不断强化的虚拟身份代号
（5）固定点：时间轴和节拍的掌控	（5）如何做：个人虚拟身份画像组成清单
（6）谁来做：线上会议的 3+1 种角色	（6）场景中发生：虚拟工作的同步场景和异步场景
（7）如何做：高效线上会议的 3 大清单	（7）从哪里开始

很有意思的是，这个课程的交付本身就是虚拟工作场景的体现，讲师将通过在线方式引导课程。A、B 两个模块，每个模块的时间不超过 90 分钟，这也是一场虚拟会议的时限。人们既可以选择模块 A+B，也可以单独选择 A 或者 B。

小结

（1）管理虚拟工作是非常场景化的，没有标准答案。立足拆解不同的场景，关注当下行动，实践才能出真知。

（2）虚拟团队归根到底也是团队，管理虚拟团队要从团队的两个基本属性出发：任务属性和社交属性。

（3）推荐读物：《虚拟团队领导力》。

未完待续——你自己的故事

接下来，请继续你的拆解练习，场景故事是你自己的，抑或是他人的。

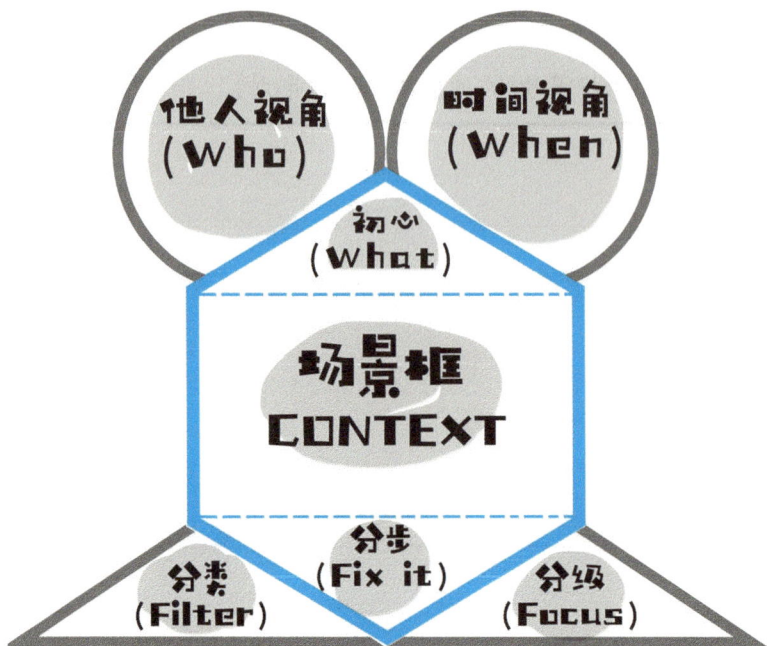

参考文献

[1] 丹尼尔·卡尼曼.思考，快与慢 [M].胡晓姣，李爱民，何梦莹，译.北京：中信出版社，2012.

[2] 博恩·崔西.思维力量：如何思考决策行动以及取得最佳成效 [M].金芳，译.北京：金城出版社，2017.

[3] 丹·罗姆.一页纸创意思考术 [M].郑澜，译.北京：中信出版集团，2017.

[4] 亚历克斯·洛伊，菲尔·胡德.困境中的决策力 [M].解云波，高彩霞，译.北京：中国人民大学出版社，2011.

[5] 阿图·葛文德.清单革命 [M].王佳艺，译.杭州：浙江人民出版社，2012.

[6] 杰夫·萨瑟兰.敏捷革命：提升个人创造力与企业效率的全新协作模式 [M].蒋宗强，译.北京：中信出版集团股份有限公司，2017.

[7] 弗格斯·奥康奈尔.极简主义 [M].廉凯，译.北京：

人民邮电出版社，2015.

[8] 达伦·布里奇，戴维·路易斯.解决问题最简单的方法：来自北欧的清新高效工作方法 [M].秦彦杰，译.北京：新世界出版社，2014.

[9] 安德鲁·索贝尔,杰罗德·帕纳斯.提问的艺术 [M].陈艳，译.北京：中国人民大学出版社，2013.

[10] 安德斯·艾利克森，罗伯特·普尔.刻意练习：如何从新手到大师 [M].王正林，译.北京：机械工业出版社，2016.

[11] 史蒂芬·柯维.高效能人士的七个习惯（25 周年纪念版）[M].高新勇，王亦兵，葛雪蕾，译.北京：中国青年出版社，2015.

[12] 大卫·科特莱尔.周一清晨的领导课（加强版）[M].田科武，译.北京：高等教育出版社，2013.

[13] 罗伊·波洛克,安德鲁·杰斐逊,卡尔霍恩·威克.将培训转化为商业结果:学习发展项目的6Ds®法则[M].3 版.学习项目与版权课程研究院，译.北京：电子工业出版社，2016.

[14] 蒂莫西·克拉克,亚历山大·奥斯特瓦德,伊夫·皮尼厄.商业模式新生代（个人篇）：一张画布重塑你的职

业生涯 [M]. 毕崇毅，译. 北京：机械工业出版社，2012.

[15] 高琳. 职得：成为自己故事里的英雄 [M]. 北京：中国致公出版社，2016.

[16] 丹尼尔·平克. 时机管理：完美时机的隐秘模式 [M]. 张琪，译. 杭州：浙江教育出版社，2018.

[17] 王二乐，乔锐，华莉，付玲娜. 理想团队第一课 [M]. 北京：北京联合出版有限公司，2021.

[18] 布赖恩·费瑟斯通豪. 远见：如何规划职业生涯 3 大阶段 [M]. 苏健，译. 北京：北京联合出版有限公司，2018.

[19] 彭妮·普兰. 虚拟团队领导力 [M]. 沈小滨，王二乐，乔锐，译. 北京：中国电力出版社，2020.

破解困局的6位结构密码

成为复杂场景的解码高手

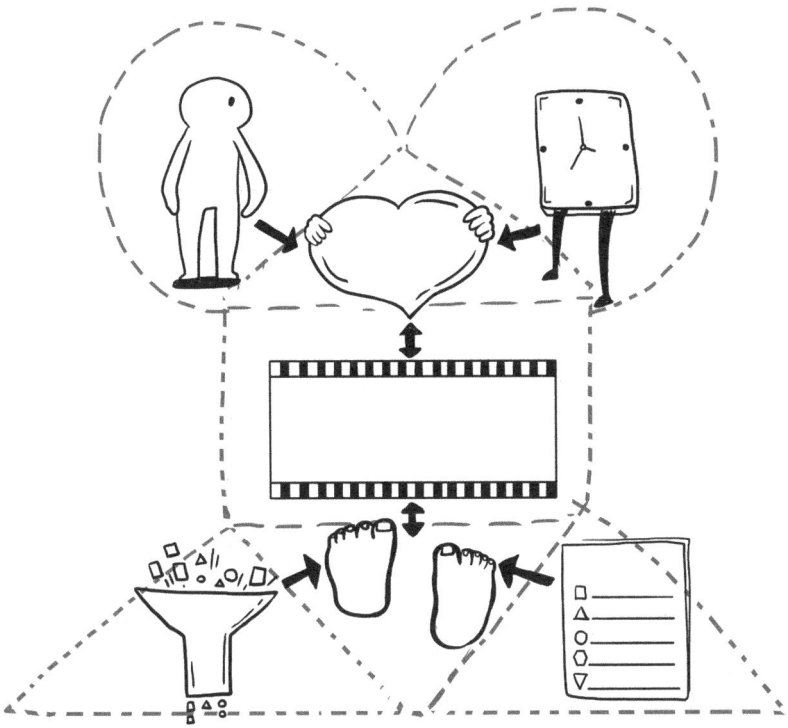

反侵权盗版声明

　　电子工业出版社依法对本作品享有专有出版权。任何未经权利人书面许可，复制、销售或通过信息网络传播本作品的行为；歪曲、篡改、剽窃本作品的行为，均违反《中华人民共和国著作权法》，其行为人应承担相应的民事责任和行政责任，构成犯罪的，将被依法追究刑事责任。

　　为了维护市场秩序，保护权利人的合法权益，我社将依法查处和打击侵权盗版的单位和个人。欢迎社会各界人士积极举报侵权盗版行为，本社将奖励举报有功人员，并保证举报人的信息不被泄露。

举报电话：（010）88254396；（010）88258888

传　　真：（010）88254397

E-mail： dbqq@phei.com.cn

通信地址：北京市万寿路 173 信箱
　　　　　电子工业出版社总编办公室

邮　　编：100036